Bakstens Hemmeligheter

Søte Fristelser fra Hjemmelaget Konditori

Ingrid Hansen

Innhold

Puddingkaker 11
Dansk pudding tartelett 12
fruktkaker 13
Genovese kake 15
ingefærkake 16
syltetøykaker 17
Nøttekake 18
Eple- og valnøttkake 19
Gainsborough kake 20
Sitronpai 21
sitron tartelett 22
Appelsinkake 23
Pærekake 24
Pære og mandel tartelett 25
Kongelig rosinkake 27
Rosin og rømmekake 29
jordbær kake 30
melasse kake 32
Valnøtt- og melassekake 33
Amish Shoo-fly kake 34
Boston pudding skive 35
American White Mountain Pie 36
American Buttermilk Pie 38

Karibisk rom ingefærkake ... 39

Sachertorte ... 40

Fruktkake med karibisk rom ... 42

Dansk smørkake ... 44

Kardemomme er dansk ... 45

Gateau Pithiviers ... 46

konger kake ... 46

krem karamell ... 48

Gugelhopf ... 49

Gugelhopf luksussjokolade ... 51

Stjålet ... 53

mandel stollen ... 55

pistasj stjålet ... 57

baklava ... 59

Ungarsk stresstur ... 60

Panfort ... 62

Deigbåndkake ... 63

Italiensk riskake med Grand Marnier ... 64

Siciliansk svampkake ... 65

Italiensk ricotta kake ... 66

Italiensk pastakake ... 67

Italiensk nøtte-mascarpone-kake ... 68

Nederlandsk eplepai ... 69

vanlig norsk kake ... 70

Norsk kransekake ... 71

Portugisiske kokosnøttkjeks ... 72

Skandinavisk Tosca kake ... 73

Sørafrikanske Hertzog kjeks ... 74

Baskisk kake ... 74

Mandelprisme og kremost ... 77

Black Forest Castle ... 79

Sjokoladekake og mandler ... 80

sjokolade ostekake ... 81

sjokolade paddock kake ... 83

Carob og mynteport ... 85

Iskaffe port ... 86

Gâteau kaffe og nøttering ... 87

Dansk Sjokolade og Pudding Gateau ... 89

gateau frukt ... 91

frukt savarin ... 92

ingefær lagkake ... 94

Port av druer og fersken ... 95

Sitronpai ... 97

Brun port ... 98

Strudel ... 100

oransje port ... 101

Firelags appelsinsyltetøykake ... 102

Gateau med valnøtter og dadler ... 104

Plomme- og kanelkake ... 106

Skjærelag Gâteau ... 107

regnbuestripet kake ... 109

Gateau St-Honoré ... 111

Jordbær Choux Gâteau ... 113

kaffekake ... 114

Kaffe Streusel kake 115

gårds dryppkake 115

Amerikansk pepperkake med sitronsaus 117

kaffe pepperkaker 119

Ingefær kremkake 120

liverpool ingefærkake 121

havregryn pepperkaker 122

klissete pepperkaker 124

fullkorns pepperkaker 125

Honning og mandelkake 126

sitron-iskremkake 127

iste-ring 128

dame kake 130

Lardy Karvefrøkake 132

marmorkake 133

Lincolnshire lagkake 134

brødkake 135

syltetøyskake 136

valmuefrøkake 137

naturlig yoghurtkake 138

Beskjær puddingpai 139

Bringebærbølget kake med sjokoladeglasur 141

sandkake 142

Oljekake 143

Krydret ringkake 144

krydret lagkake 145

Kanelsukkerkake 146

viktoriansk tekake ... 147
Alt i en fruktkake ... 148
Alt i en fruktkake ... 149
Australsk fruktkake ... 150
Rik amerikansk kake ... 151
Carob fruktkake ... 153
Kaffe Fruktkake ... 154
Cornish Heavy Pie ... 156
rips kake ... 157
mørk fruktkake ... 158
Skjær og returner kaken ... 160
Dundee kake ... 161
Over natten fruktkake uten egg ... 162
Idiotsikker fruktkake ... 163
Ginger Shortcake ... 165
Gårdsfrukt og honningkake ... 166
Genova kake ... 167
Isfruktkake ... 169
Guinness fruktkake ... 170
En pai som inneholder kjøttdeig ... 171
Havrekake og aprikosfrukt ... 172
Nattfruktkake ... 173
Rosin og krydderkake ... 174
richmond kake ... 175
Fruktkake med safran ... 176
Brus fruktkake ... 177
rask fruktkake ... 178

varm te fruktkake ... 179

Kald te fruktkake ... 180

sukkerfri fruktkake ... 181

Små fruktkaker ... 183

Eddik fruktkake ... 184

Virginia whisky kake ... 185

Walisisk fruktkake ... 186

hvit fruktkake ... 187

eple pai ... 187

Sprøkrydret eplepai ... 189

Amerikansk eplepai ... 190

eple pai ... 191

eplepai med cider ... 192

Eple- og kanelkake ... 193

Spansk eplepai ... 194

Eple- og sultanakake ... 196

Opp ned eplepai ... 197

Aprikosbrødkake ... 199

Aprikos- og ingefærkake ... 200

Mørk aprikospai ... 201

Banankake ... 202

sprø banankake ... 203

banansvamp ... 204

fiberrik banankake ... 205

Banan sitron kake ... 206

Banansjokoladekake i en blender ... 207

Banankake med hasselnøtt ... 208

Banankake og rosiner i ett 209
Banan whisky kake 210
Blåbærkake 211
Catstone kirsebærpai 212
Kirsebær- og kokosnøttkake 213
Kirsebær- og sultanakake 214
Kirsebær valnøtt iskremkake 215

puddingkaker

12 siden

225 g / 8 oz mørdeig

15 ml / 1 ss melis (superfint)

1 egg, lett pisket

150 ml / ¼ pt / 2/3 kopp varm melk

en klype salt

revet muskatnøtt til strø

Kjevle ut deigen og kle 12 dype kakeformer (empanadaformer). Bland sukkeret med egget, og tilsett deretter den varme melken og saltet gradvis. Hell blandingen i konditorformene (reservert godteri) og strø over muskatnøtt. Stek i en forvarmet ovn ved 200°C/400°F/gassmerke 6 i 20 minutter. La det avkjøles i boksene.

Dansk pudding tartelett

Serverer 8

200 g / 7 oz / snaut 1 kopp smør eller margarin

250 g / 9 oz / 2¼ kopper universalmel

50 g / 2 oz / 1/3 kopp konditorsukker, siktet

2 eggeplommer

1 porsjon dansk puddingfyll

Gni inn smøret eller margarinen med mel og sukker til blandingen minner om brødsmuler. Tilsett eggeplommene til de er godt blandet. Dekk til med folie (plastfolie) og avkjøl i 1 time. Kjevle ut to tredjedeler av deigen (deigen) og bruk den til å kle smurte kakeformer (empanadaformer). Fyll den med puddingfyllet. Kjevle ut resten av deigen og skjær ut toppen av kakene. Fukt kantene og press dem sammen for å forsegle. Stek i en forvarmet ovn til 200°C til de er gyldenbrune i 15-20 minutter. La det avkjøles i boksene.

fruktkaker

12 siden

75 g / 3 oz / 1/3 kopp smør eller margarin, i terninger

175 g / 6 oz / 1½ kopper universalmel

45 ml / 3 ss melis (superfin)

10 ml / 2 ts finrevet appelsinskall

1 eggeplomme

15 ml / 1 spiseskje vann

175 g / 6 oz / ¾ kopp kremost

15 ml / 1 ss melk

350 g / 12 oz blandet frukt, for eksempel halverte druer uten frø, mandarinskiver, skivede jordbær, bjørnebær eller bringebær

45 ml / 3 ss aprikossyltetøy (hermetisk), siktet (filtrert)

15 ml / 1 spiseskje vann

Gni smøret eller margarinen inn i melet til blandingen minner om brødsmuler. Tilsett 30 ml / 2 ss sukker og halvparten av appelsinskallet. Tilsett eggeplommen og nok vann til å blandes til en jevn deig. Pakk inn i folie (folie) og avkjøl i 30 minutter.

På en lett melet overflate ruller du ut deigen til 1/8/3 mm tykk og bruker til å kle 12 kake- eller terteformer. Dekk med fettsikkert (vokset) papir, fyll med bakte bønner og stek i ovn forvarmet til 190°C i 10 minutter. Fjern papiret og bønnene og stek i ytterligere 5 minutter til de er gyldenbrune. La avkjøle i formene i 5 minutter, og vend deretter ut på en rist for å avkjøles helt.

Bland osten med melken, det resterende sukkeret og appelsinskallet til det er skummende. Hell i konditorformer (paiskjell) og topp med frukt. Varm opp syltetøy og vann i en liten panne til det er godt blandet, og fordel deretter over frukten. Avkjøl før servering.

Genovese kake

Lager en 23 cm kake

100 g butterdeig

50 g / 2 oz / ¼ kopp smør eller margarin, myknet

75 g / 3 oz / 1/3 kopp pulverisert sukker (superfint)

75 g / 3 oz / ¾ kopp mandler, hakket

3 egg, separert

2,5 ml / ½ ts vaniljeessens (ekstrakt)

100 g / 4 oz / 1 kopp universalmel

100 g / 4 oz / 2/3 kopp konditorsukker, siktet

Saft av ½ sitron

Kjevle ut deigen på en lett melet overflate og kle en 23 cm kakeform. Prikk alt med en gaffel. Pisk smør eller margarin og melis til skum. Rør gradvis inn mandler, eggeplomme og vaniljeessens. Tilsett melet. Pisk eggehvitene til et stivt skum, og bland dem deretter inn i massen. Hell i konditorformen (kakeformen) og stek i ovn forvarmet til 190°C i 30 minutter. La avkjøle i 5 minutter. Bland melis med sitronsaft og fordel det på toppen av kaken.

ingefærkake

Lager en 23 cm kake

225 g / 8 oz / 2/3 kopp gylden sirup (lys mais)

250 ml / 8 fl oz / 1 kopp kokende vann

2,5 ml / ½ teskje malt ingefær

60 ml / 4 ss finhakket krystallisert (kandisert) ingefær

30 ml / 2 ss maismel (maisstivelse)

15 ml / 1 ss puddingpulver

1 grunnleggende svampekakeboks

Kok opp sirup, vann og malt ingefær, og tilsett deretter den krystalliserte ingefæren. Bland maismel og puddingpulver med litt vann til det blir en pasta, bland det deretter inn i ingefærblandingen og la det småkoke i noen minutter under konstant omrøring. Hell fyllet i paiskallet (skorpen), la det avkjøles og stivne.

syltetøykaker

12 siden

225 g / 8 oz mørdeig

175 g / 6 oz / ½ kopp hel eller hard fruktsyltetøy (behold)

Kjevle ut deigen (pasta) og kle en smurt bolle (empanadapanne) med den. Fordel syltetøyet mellom kakene og stek i ovn forvarmet til 200°C i 15 minutter.

Nøttekake

Lager en 23 cm kake

225 g / 8 oz mørdeig

50 g / 2 oz / ½ kopp pekannøtter

3 egg

225 g / 8 oz / 2/3 kopp gylden sirup (lys mais)

75 g / 3 oz / 1/3 kopp mykt brunt sukker

2,5 ml / ½ ts vaniljeessens (ekstrakt)

en klype salt

Kjevle ut deigen (deigen) på en lett melet overflate og kle den med en smurt, 23 cm stekeplate dekket med bakepapir, fyll den med bakebønner, og stek den blind i en forvarmet ovn på 190°C/375°. F/gassindikasjon 5 i 10 minutter. Fjern papiret og bønnene.

Plasser nøttene i et attraktivt mønster i konditorformen (paiskall). Pisk eggene til de er lett og luftige. Pisk inn sirupen, deretter sukkeret, og pisk til sukkeret er oppløst. Tilsett vaniljeessens og salt og bland til en jevn masse. Hell blandingen i boksen og stek i en forvarmet ovn i 10 minutter. Reduser ovnstemperaturen til 180°C/350°F/gassmerke 4 og stek i ytterligere 30 minutter til den er gyldenbrun. La avkjøle og stivne før servering.

Eple- og valnøttkake

Lager en 23 cm kake

2 egg

350 g / 12 oz / 1½ kopper melis (superfin)

50 g / 2 oz / ½ kopp universalmel

10 ml / 2 ts bakepulver

en klype salt

100 g / 4 oz kokepler (sur), skrellet, kjernet ut og i terninger

100 g / 4 oz / 1 kopp pekannøtter eller valnøtter

150 ml / ¼ pt / 2/3 kopp kremfløte

Pisk eggene til de blir bleke og skummende. Tilsett alle andre ingredienser, unntatt fløten, en om gangen i den oppførte rekkefølgen. Hell over i en smurt og kledd 23 cm kakeform (form) og stek i forvarmet ovn på 160°C i ca. Stek i 45 minutter til de er gjennomhevet og gyllenbrune. Server med krem.

Gainsborough kake

Vi lager en 20 cm kake av den

25 g / 1 oz / 2 ss smør eller margarin

2,5 ml / ½ ts bakepulver

50 g / 2 oz / ¼ kopp pulverisert sukker (superfint)

100 g / 4 oz / 1 kopp tørket kokosnøtt (revet)

50 g / 2 oz / ¼ kopp glaserte (kandiserte) kirsebær, hakket

2 piskede egg

Smelt smøret, bland så de andre ingrediensene og hell i en smurt, foret 20 cm form (form). Stek i en forvarmet ovn på 180°C, gassmerke 4, i 30 minutter, til den er spenstig å ta på.

Sitronpai

Vi lager en 25 cm kake av den

225 g / 8 oz mørdeig

100 g / 4 oz / ½ kopp smør eller margarin

4 egg

Revet skall og saft av 2 sitroner

100 g / 4 oz / ½ kopp melis (superfint)

250 ml / 8 fl oz / 1 kopp dobbel krem (tung)

Mentalblad til pynt

Kjevle ut deigen (deigen) på en lett melet overflate og kle den i en 25 cm/10 flat form (form), prikk bunnen med en gaffel. Dekk med smørefast (vokset) papir og fyll med bakebønner. Stek i en forvarmet ovn ved 200°C/400°F/gassmerke 6 i 10 minutter. Fjern papiret og bønnene og sett tilbake i ovnen i ytterligere 5 minutter til bunnen er tørr. Reduser ovnstemperaturen til 160 °C / 325 °F / gassmerke 3.

Smelt smøret eller margarinen og la det avkjøles i 1 minutt. Pisk eggene med sitronskall og saft. Pisk smør, sukker og fløte. Hell på deigplaten og stek ved redusert temperatur i 20 minutter. La avkjøles, avkjøl før servering, pynt med et mynteblad.

sitron tartelett

12 siden

225 g / 8 oz / 1 kopp smør eller margarin, myknet

75 g / 3 oz / ½ kopp konditorsukker, siktet

175 g / 6 oz / 1½ kopper universalmel

50 g / 2 oz / ½ kopp maismel (maizena)

5 ml / 1 ts revet sitronskall

For påkledning:

30 ml / 2 ss lemon curd

30 ml / 2 ss melis (konditor), siktet

Bland alle kakeingrediensene til den er jevn. Hell i en pose og pynt i 12 papirbokser plassert i muffinsformer (empanada). Stek i en ovn forvarmet til 180°C til blek gyldenbrun i 20 minutter. La den avkjøles litt, og øs deretter en spiseskje lemon curd på toppen av hver svamp og dryss over melis.

Appelsinkake

Lager en 23 cm kake

1 grunnleggende svampekakeboks

400 ml / 14 fl oz / 1¾ kopper appelsinjuice

150 g / 5 oz / 2/3 kopp pulverisert sukker (superfint)

30 ml / 2 ss pulverisert konditorkrem

15 g / ½ oz / 1 ss smør eller margarin

15 ml / 1 ss revet appelsinskall

Noen skiver kandisert appelsin (valgfritt)

Forbered den grunnleggende svampekakekassen (skall). Mens du koker, bland 250 ml appelsinjuice med sukker, vaniljesaus og smør eller margarin. Kok opp blandingen og la den småkoke til den blir klar og tykk. Tilsett appelsinskallet. Så snart flaskeboksen kommer ut av ovnen, hell i den resterende appelsinjuicen, hell deretter i appelsinfyllet og la det avkjøles og stivne. Pynt med kandiserte appelsinskiver etter smak.

Pærekake

Vi lager en 20 cm kake av den
1 mengde Pâte Sucrée

For fyllet:

150 ml / ¼ pt / 2/3 kopp dobbel krem (tung)

2 egg

50 g / 2 oz / ¼ kopp pulverisert sukker (superfint)

5 pærer

For glasuren:

75 ml / 5 ss ripsgelé (gjennomsiktig konserves)

30 ml / 2 ss vann

En skvis sitronsaft.

Kjevle ut patésucréen og kle en 20 cm flat form. Dekk til med bakepapir (vokset), fyll med bakebønner og stek i en forvarmet ovn ved 190°C/375°F/gassmerke 5 i 12 minutter. Ta ut av ovnen, fjern papir og bønner og la avkjøle.

Til fyllet blander du fløte, egg og sukker. Skrell og kjernekjern pærene, del dem deretter i to på langs. Legg snittsiden ned og skjær nesten til midten av pæren, men la dem være intakte. Ordne i kakestativet (skall). Hell over fløteblandingen og stek i en forvarmet ovn ved 190°C/375°F/gassmerke 4 i 45 minutter, hvis du dekker med bakepapir (vokset) før kremen stivner. La det avkjøles.

For å forberede glasuren, smelt gelatinen, vannet og sitronsaften i en liten panne. Pensle frukten mens glasuren er varm, og la den stå. Vi serverer den samme dag.

Pære og mandel tartelett

Vi lager en 20 cm kake av den

For pastaen (pastaen):

100 g / 4 oz / 1 kopp universalmel

50 g / 2 oz / ½ kopp malte mandler

50 g / 2 oz / ¼ kopp pulverisert sukker (superfint)

75 g / 3 oz / 1/3 kopp smør eller margarin, i terninger og myknet

1 eggeplomme

Noen dråper mandelessens (ekstrakt)

For fyllet:

1 eggeplomme

50 g / 2 oz / ¼ kopp pulverisert sukker (superfint)

50 g / 2 oz / ½ kopp malte mandler

30 ml / 2 ss likør med pæresmak eller annen likør etter smak

3 store pærer

Til puddingen:

3 egg

25 g / 1 oz / 2 ss melis (superfint)

300 ml / ½ pt / 1¼ kopper enkel (lett) krem

Til deigen blander du mel, mandler og sukker i en bolle og lager en fordypning i midten. Tilsett smør eller margarin, eggeplomme og vaniljeessens, og bland deretter ingrediensene gradvis til du får en jevn deig. Pakk inn i folie (plastfolie) og avkjøl i 45 minutter. Kjevle ut på melet overflate og kle en smurt og kledd 20 cm flat form (form). Dekk med fettsikkert (vokset) papir, fyll med bakebønner og blindbak i en forvarmet ovn ved 200°C/400°F/gassmerke 6 i 15 minutter. Fjern papiret og bønnene.

Til fyllet blander du eggeplommene og sukkeret til det blir skummende. Tilsett mandler og likør og hell blandingen i konditorformen (paiskall). Skrell, kjerne kjernen og del pæren i to, og legg den deretter med flat side ned på toppen av fyllet.

For å lage puddingen, pisk egg og sukker til det er lett og luftig. Rør inn kremen. Fordel puddingen på toppen av pærene og stek i ovn forvarmet til 180°C med gassmerke 4 i ca. Stek i 15 minutter til puddingen stivner.

Kongelig rosinkake

Vi lager en 20 cm kake av den

For pastaen (pastaen):

100 g / 4 oz / ½ kopp smør eller margarin

225 g / 8 oz / 2 kopper universalmel

en klype salt

45 ml / 3 ss kaldt vann

For fyllet:

50 g / 2 oz / ½ kopp kakesmuler

175 g / 6 oz / 1 kopp rosiner

1 eggeplomme

5 ml / 1 ts revet sitronskall

For påkledning:

225 g / 8 oz / 11/3 kopper konditorsukker, siktet

1 eggehvite

5 ml / 1 ts sitronsaft

Bli ferdig:

45 ml / 3 ss ripsgelé (gjennomsiktig konserves)

For deigen, gni smøret eller margarinen med melet og saltet til blandingen minner om brødsmuler. Bland nok kaldt vann til å lage en deig. Pakk inn i folie (folie) og avkjøl i 30 minutter.

Kjevle ut deigen og kle en 20 cm firkantet kakeform. Bland fyllingrediensene og hell dem på bunnen, jevn ut toppen. Bland ingrediensene til dressingen og fordel den på kaken. Pisk ripsgeleen til den er jevn, og tegn deretter et rutemønster på toppen av kaken. Stek i en forvarmet ovn ved 190°C/375°F/gassmerke 5 i 30 minutter, reduser deretter ovnstemperaturen til 180°C/350°F/gassmerke 4 og stek i ytterligere 10 minutter.

Rosin og rømmekake

Lager en 23 cm kake

225 g / 8 oz mørdeig

30 ml / 2 ss universalmel

2 egg, lett pisket

60 ml / 4 ss melis (superfin)

250 ml / 8 fl oz / 1 kopp rømme (rømme)

225 g / 8 oz / 11/3 kopper rosiner

60 ml / 4 ss rom eller konjakk

Noen dråper vaniljeessens (ekstrakt)

Kjevle ut deigen (deigen) til 5 mm / ¼ tykk på en lett melet overflate. Bland mel, egg, sukker og fløte, og tilsett deretter rosiner, rom eller konjakk og vaniljeessens. Hell blandingen i konditorformen og stek i en ovn forvarmet til 200°C i 20 minutter. Reduser ovnstemperaturen til 180°C/350°F/gassmerke 4 og stek i ytterligere 5 minutter til den er ferdig.

jordbær kake

Vi lager en 20 cm kake av den
1 mengde Pâte Sucrée

For fyllet:

5 eggeplommer

175 g / 6 oz / ¾ kopp melis (superfint)

75 g / 3 oz / ¾ kopp maismel (maizena)

1 vaniljestang (stang)

450 ml / ¾ pt / 2 kopper melk

15 g / ½ oz / 1 ss smør eller margarin

550 g jordbær, delt i to

For glasuren:

75 ml / 5 ss ripsgelé (gjennomsiktig konserves)

30 ml / 2 ss vann

En skvis sitronsaft.

Kjevle ut deigen (deigen) og kle en 20 cm flat form (form). Dekk til med bakepapir (vokset), fyll med bakebønner og stek i en forvarmet ovn ved 190°C/375°F/gassmerke 5 i 12 minutter. Ta ut av ovnen, fjern papir og bønner og la avkjøle.

Til fyllet, pisk eggeplommene og sukkeret til det blir blekt, skummende og skiller seg fra vispen i strimler. Bland inn maisenna. Tilsett vaniljestangen i melken og kok opp. Fjern vaniljestangen. Tilsett eggedosisen gradvis. Hell blandingen i en ren panne og kok opp under konstant omrøring, og fortsett deretter å koke under omrøring i 3 minutter. Fjern fra varmen og tilsett smør eller margarin til det er smeltet. Dekk med smurt (vokset) papir og la avkjøle.

Hell konditorkremen i konditorformen og legg jordbærene på toppen. For å forberede glasuren, smelt gelatinen, vannet og

sitronsaften. Pensle frukten mens glasuren er varm, og la den stå.
Vi serverer den samme dag.

melasse kake

Vi lager en 20 cm kake av den

75 g / 3 oz / 1/3 kopp smør eller margarin

175 g / 6 oz / 1½ kopper universalmel

15 ml / 1 ss melis (superfint)

1 eggeplomme

30 ml / 2 ss vann

225 g / 8 oz / 2/3 kopp gylden sirup (lys mais)

50 g / 2 oz / 1 kopp ferske brødsmuler

5 ml / 1 ts sitronsaft

Gni smøret eller margarinen inn i melet til blandingen minner om brødsmuler. Tilsett sukkeret, tilsett eggeplomme og vann og bland til du får en deig (pasta). Pakk inn i folie (folie) og avkjøl i 30 minutter.

Kjevle ut deigen og kle en 20 cm flat form (form). Varm opp sirupen og bland den med brødsmuler og sitronsaft. Hell fyllet i konditorformen og stek i en forvarmet ovn ved 180°C/350°F/gassmerke 4 i 35 minutter til den er boblende.

Valnøtt- og melassekake

Vi lager en 20 cm kake av den

225 g / 8 oz mørdeig

100 g / 4 oz / ½ kopp smør eller margarin, myknet

50 g / 2 oz / ¼ kopp mykt brunt sukker

2 piskede egg

175 g / 6 oz / ½ kopp gylden sirup (lys mais), varm

100 g / 4 oz / 1 kopp valnøtter, finhakket

Revet skall av 1 sitron

Saft av ½ sitron

Kjevle ut deigen (deigen) og kle en smurt 20 cm kakeform (form). Dekket med fett (vokset) papir, fylt med bakebønner og bakt i en ovn forvarmet til 200°C. /400°F / gassmerke 6 i 10 minutter. Ta ut av ovnen og fjern papir og bønner. Reduser ovnstemperaturen til 180°C/350°F/gassmerke 4.

Pisk smør eller margarin og sukker til det er lett og luftig. Tilsett eggene gradvis, tilsett sirup, valnøtter, sitronskall og juice. Hell i en paiform (paibunn) og stek i ovnen til den er gyldenbrun og sprø i 45 minutter.

Amish Shoo-fly kake

Lager en 9"x12" kake

225 g / 8 oz / 1 kopp smør eller margarin, myknet

225 g / 8 oz / 2 kopper universalmel

225 g / 8 oz / 2 kopper fullkornshvetemel (hel hvete)

450 g / 1 lb / 2 kopper mykt brunt sukker

350 g / 12 oz / 1 kopp blackstrap melasse (melasse)

10 ml / 2 ts natron (natron)

450 ml / ¾ pt / 2 kopper kokende vann

Gni smøret eller margarinen inn i melet til blandingen minner om brødsmuler. Tilsett sukkeret. Reserver 100 g / 4 oz / 1 kopp av blandingen til dressingen. Kombiner melasse, natron og vann og rør inn i melblandingen til de tørre ingrediensene er absorbert. Hell i en smurt og melet 23 x 30 cm / 9 x 12 kakeform (form) og dryss med den reserverte blandingen. Stek i en ovn forvarmet til 180°C i 35 minutter til et spyd som er satt inn i midten kommer rent ut. Serveres varm.

Boston pudding skive

Lager en 23 cm kake

100 g / 4 oz / ½ kopp smør eller margarin, myknet

225 g / 8 oz / 1 kopp melis (superfint)

2 egg, lett pisket

2,5 ml / ½ ts vaniljeessens (ekstrakt)

175 g / 6 oz / 1½ kopper selvhevende mel

5 ml / 1 ts bakepulver

en klype salt

60 ml / 4 ss melk

konditorkremfylling

Pisk smør eller margarin og sukker til skum. Tilsett egget og vaniljeessensen gradvis, pisk godt etter hver tilsetning. Bland mel, bakepulver og salt, og tilsett deretter blandingen vekselvis med melken. Hell i en smurt og melet kakeform (form) og stek i ovn forvarmet til 180°C i 30 minutter til den stivner. Når den er avkjølt skjærer du svampen horisontalt og setter de to halvdelene sammen med puddingfyllet.

American White Mountain Pie

Lager en 23 cm kake

225 g / 8 oz / 1 kopp smør eller margarin, myknet

450 g / 1 lb / 2 kopper melis (superfint)

3 egg, lett pisket

350 g / 12 oz / 3 kopper selvhevende mel

15 ml / 1 ss bakepulver

1,5 ml / ¼ teskje salt

250 ml / 8 fl oz / 1 kopp melk

5 ml / 1 ts vaniljeessens (ekstrakt)

5 ml / 1 ts mandelessens (ekstrakt)

Til sitronfyllet:

45 ml / 3 ss maismel (maisstivelse)

75 g / 3 oz / 1/3 kopp pulverisert sukker (superfint)

1,5 ml / ¼ teskje salt

300 ml / ½ pt / 1¼ kopper melk

25 g / 1 oz / 2 ss smør eller margarin

90 ml / 6 ss sitronsaft

5 ml / 1 ts revet sitronskall

For glasuren:

350 g / 12 oz / 1½ kopper melis (superfin)

en klype salt

2 eggehviter

75 ml / 5 ss kaldt vann

15 ml / 1 ss gylden sirup (lys mais)

5 ml / 1 ts vaniljeessens (ekstrakt)

175 g / 6 oz / 1½ kopper tørket kokosnøtt (revet)

Pisk smør eller margarin og sukker til skum. Tilsett eggene litt etter litt. Bland mel, bakepulver og salt, og tilsett deretter fløten vekselvis med melken og essensen. Hell blandingen i tre smurte og kledde kakeformer (brett) på 23 cm og stek i ovn forvarmet til 180 °C i 30 minutter, til et spyd som er satt inn i midten kommer rent ut. La det avkjøles.

Til fyllet blander du maismel, sukker og salt, og tilsett deretter melken til den er blandet. Tilsett smør eller margarin, kutt i små biter og pisk til det er tykt over svak varme i ca 2 minutter. Tilsett sitronsaft og skall. La avkjøle og avkjøl.

For å lage glasuren, bland alle ingrediensene unntatt vaniljeessens og kokos i en varmefast bolle satt over en kjele med kokende vann. Pisk i ca 5 minutter til den er stiv. Tilsett vaniljeessens og bland i ytterligere 2 minutter.

For å sette sammen kaken, fordel halvparten av sitronfyllet på bunnlaget og dryss med 25 g / 1 oz / ¼ kopp kokosnøtt. Gjenta med det andre laget. Smør frosting på toppen og sidene av kaken og dryss med resten av strimlet kokos.

American Buttermilk Pie

Lager en 23 cm kake

100 g / 4 oz / ½ kopp smør eller margarin, myknet

225 g / 8 oz / 1 kopp melis (superfint)

2 egg, lett pisket

5 ml / 1 ts revet sitronskall

5 ml / 1 ts vaniljeessens (ekstrakt)

225 g / 8 oz / 2 kopper selvhevende mel (gjær)

5 ml / 1 ts bakepulver

5 ml / 1 ts natron (natron)

en klype salt

250 ml / 8 fl oz / 1 kopp kjernemelk

sitronfyll

Pisk smør eller margarin og sukker til skum. Pisk eggene gradvis, tilsett sitronskallet og vaniljeessensen. Bland mel, bakepulver, natron og salt, og tilsett deretter blandingen vekselvis med kjernemelken. Pisk til glatt. Hell blandingen i to smurte og melete kakeformer (former) og stek i en forvarmet ovn ved 180°C/350°F/gassmerke 4 i 25 minutter til den er stivnet. La avkjøle i formene i 5 minutter før du vender ut på rist for å avslutte avkjølingen. Når den er avkjølt legger du den på et smørbrød sammen med sitronfyllet.

Karibisk rom ingefærkake

Vi lager en 20 cm kake av den

50 g / 2 oz / ¼ kopp smør eller margarin

120 ml / ½ kopp blackstrap melasse

1 egg, lett pisket

60 ml / 4 ss rom

100 g / 4 oz / 1 kopp selvhevende mel

10 ml / 2 ts malt ingefær

75 g / 3 oz / 1/3 kopp mykt brunt sukker

25 g krystallisert (kandisert) ingefær, malt

Smelt smøret eller margarinen med melassen over svak varme, og la den avkjøles litt. Tilsett resten av ingrediensene for å lage en jevn røre. Hell i en smurt og kledd 20 cm ringform (form) og stek i en forvarmet ovn ved 200 °C / 400 °F / gassmerke 6 i 20 minutter, til den er godt hevet og fast å ta på.

Sachertorte

Vi lager en 20 cm kake av den

200 g / 7 oz / 1¾ kopper vanlig sjokolade (halvsøt)

8 egg, separert

100 g / 4 oz / ½ kopp usaltet (søtt) smør, smeltet

2 eggehviter

en klype salt

150 g / 5 oz / 2/3 kopp pulverisert sukker (superfint)

Noen dråper vaniljeessens (ekstrakt)

100 g / 4 oz / 1 kopp universalmel

For frostingen (frosting):

150 g / 5 oz / 1¼ kopper vanlig sjokolade (halvsøt)

250 ml / 8 fl oz / 1 kopp tung krem (lett)

175 g / 6 oz / ¾ kopp melis (superfint)

Noen dråper vaniljeessens (ekstrakt)

1 sammenvispet egg

100 g / 4 oz / 1/3 kopp aprikossyltetøy (hermetisk), siktet (filtrert)

Smelt sjokoladen i en varmefast bolle plassert over en kjele med vann. Fjern fra varme. Pisk eggeplommene med smøret til de er litt skummende, tilsett deretter den smeltede sjokoladen. Pisk eggehvitene og saltet til det dannes stive topper, tilsett deretter sukkeret og vaniljeessensen gradvis og pisk til det dannes stive topper. Tilsett gradvis til sjokoladeblandingen, og tilsett deretter melet. Hell blandingen i to smurte og kledde 20 cm kakeformer (brett) og stek i ovn forvarmet til 180 °C i 45 minutter, til et spyd som er satt inn i midten kommer rent ut. Legg på rist og la avkjøles.

Til glasuren smelter du sjokoladen med fløte, sukker og vaniljeessens på middels varme, og la det deretter småkoke i 5 minutter uten å røre. Bland noen spiseskjeer av sjokoladeblandingen med egget, tilsett deretter sjokoladen og kok under omrøring i 1 minutt. Fjern fra varmen og la avkjøles til romtemperatur.

Ha kjeksene sammen med aprikossyltetøyet på et smørbrød. Dekk hele kaken med sjokoladeglasuren og glatt overflaten med en slikkepott eller slikkepott. La det avkjøles, og avkjøl i noen timer til frostingen stivner.

Fruktkake med karibisk rom

Vi lager en 20 cm kake av den

450 g / 1 lb / 22/3 kopper tørket frukt (fruktkakeblanding)

225 g / 8 oz / 11/3 kopper sultanas (gyldne rosiner)

100 g / 4 oz / 2/3 kopp rosiner

100 g / 4 oz / 2/3 kopp rips

50 g / 2 oz / ¼ kopp glaserte kirsebær (kandiserte)

300 ml / ½ pt / 1¼ kopp rødvin

225 g / 8 oz / 1 kopp smør eller margarin, myknet

225 g / 8 oz / 1 kopp mykt brunt sukker

5 egg, lett pisket

10 ml / 2 ts blackstrap melasse (melasse)

225 g / 8 oz / 2 kopper universalmel

50 g / 2 oz / ½ kopp malte mandler

5 ml / 1 teskje malt kanel

5 ml / 1 ts revet muskatnøtt

5 ml / 1 ts vaniljeessens (ekstrakt)

300 ml / ½ pt / 1¼ kopp rom

Ha all frukt og vin i en kjele og kok opp. Reduser varmen til lav, dekk til og la stå i 15 minutter, fjern deretter fra varmen og la avkjøles. Bland smør eller margarin og sukker til det blir skummende, og tilsett deretter egget og melassen gradvis. Tilsett de tørre ingrediensene. Tilsett fruktblandingen, vaniljeessens og 45 ml / 3 ss rom. Legg i en oljet og kledd 20 cm kakeform (form) og stek i en forvarmet ovn ved 160°C i 3 timer, til den er godt hevet og et spyd som er satt inn i midten kommer ut rent... La avkjøle i pannen i 10 minutter, og overfør deretter til en rist for å avslutte avkjølingen. Prikk toppen av kaken med et tynt spyd og øs inn resten av rom. Pakk den inn i aluminiumsfolie og la den modne så lenge som mulig.

Dansk smørkake

Lager en 23 cm kake

225 g / 8 oz / 1 kopp smør eller margarin, kuttet i terninger

175 g / 6 oz / 1½ kopper universalmel

40 g / 1½ oz fersk gjær eller 60 ml / 4 ss tørrgjær

15 ml / 1 ss granulert sukker

1 sammenvispet egg

½ mengde dansk puddingfyll

60 ml / 4 ss melis (konditor), siktet

45 ml / 3 ss rips

Gni inn 100 g smør eller margarin i melet. Pisk gjær og perlesukker, tilsett deretter mel og smør med egget og bland til en jevn deig. Dekk til og la stå på et lunt sted til dobbel størrelse, ca 1 time.

Legg på melet overflate og elt godt. Kjevle ut en tredjedel av deigen og kle bunnen av en smurt 23 cm løs bunn kakeform. Fordel vaniljesausfyllet på deigen.

Kjevle ut den gjenværende deigen til et rektangel som er omtrent 5 mm / ¼ tomme tykt. Bland resten av smøret eller margarinen og melis til skum, bland deretter inn ripsene. Fordel den på deigen og etterlater et gap i kantene, rull den deretter opp fra den korte siden. Skjær i skiver og legg oppå puddingfyllet. Dekk til og la stå på et lunt sted i ca 1 time. Stek i ovn forvarmet til 230°C i 25-30 minutter, til de er gjennomhevet og gyllenbrune på toppen.

Kardemomme er dansk

Lager en kake på 900 g

225 g / 8 oz / 1 kopp smør eller margarin, myknet

225 g / 8 oz / 1 kopp melis (superfint)

3 egg

350 g / 12 oz / 3 kopper universalmel

10 ml / 2 ts bakepulver

10 kardemommefrø, malt

150 ml / ¼ pt / 2/3 kopp melk

45 ml / 3 ss rosiner

45 ml / 3 ss blandet skall (kandisert) malt

Pisk smør eller margarin og sukker til skum. Tilsett eggene litt etter litt, pisk godt etter hver tilsetning. Tilsett mel, bakepulver og kardemomme. Tilsett gradvis melk, rosiner og blandet skall. Hell i en smurt og kledd brødform (form) på 900 g og stek i ovn forvarmet til 190°C i 50 minutter, til et spyd som er satt inn i midten kommer rent ut.

Gateau Pithiviers

Vi lager en 25 cm kake av den

100 g / 4 oz / ½ kopp smør eller margarin, myknet

100 g / 4 oz / ½ kopp melis (superfint)

1 egg

1 eggeplomme

100 g / 4 oz / 1 kopp malte mandler

30 ml / 2 ss rom

400 g butterdeig

For glasuren:

1 sammenvispet egg

30 ml / 2 ss melis (for konditorer)

Pisk smør eller margarin og sukker til skum. Pisk egget og eggeplommen og rør deretter inn mandler og rom. Kjevle ut halvparten av deigen (deigen) på en lett melet overflate og skjær i en 23 cm sirkel. Legg på en fuktet bakeplate (cookie) og fordel fyllet på deigen innen 1 cm fra kanten. Kjevle ut resten av deigen og skjær den til en 25 cm sirkel. Klipp en 1 cm ring fra kanten av denne sirkelen. Pensle kanten av deigplaten med vann, og trykk deretter ringen forsiktig på plass på kanten. Pensle med vann og trykk den andre sirkelen på toppen, forsegl kantene. Forsegl og riv kantene. Pensle toppen med sammenvispet egg, og skjær deretter et radialt snittmønster på toppen med bladet på en kniv. Stek i en forvarmet ovn til 220°C i 30 minutter til den er gyllenbrun. Sikt melis over toppen og sett tilbake i ovnen i ytterligere 5 minutter til den er blank. Serveres varm eller kald.

konger kake

Lager en 18 cm kake

250 g / 9 oz / 2¼ kopper universalmel

5 ml / 1 ts salt

200 g / 7 oz / snaut 1 kopp usaltet (søtt) smør, i terninger

175 ml / 6 fl oz / ¾ kopp vann

1 egg

1 eggehvite

Ha mel og salt i en bolle, lag en brønn i midten. Tilsett 75 g smør, vannet og hele egget og bland til en jevn masse. Dekk til og la stå i 30 minutter.

Kjevle ut deigen på en lett melet overflate til et langt rektangel. Smør to tredjedeler av deigen med en tredjedel av det resterende smøret. Brett den utildekkede deigen over smøret, og brett deretter resten av deigen over den. Forsegl kantene og avkjøl i 10 minutter. Kjevle ut deigen igjen og gjenta med halvparten av det resterende smøret. Avkjøl, fordel og tilsett resten av smøret, avkjøl deretter de siste 10 minuttene.

Kjevle ut deigen til en sirkel 1/2,5 cm tykk, ca 18 cm i diameter. Legg på et smurt (kake-)brett, pensle med eggehvite og la stå i 15 minutter. Stek i ovn forvarmet til 180°C i 15 minutter til de er pent hevet og gyllenbrune.

krem karamell

Vi lager en 15 cm kake av den

For karamellen:

100 g / 4 oz / ½ kopp melis (superfint)

150 ml / ¼ pt / 2/3 kopp vann

Til puddingen:

600 ml / 1 pkt / 2½ kopper melk

4 egg, lett pisket

15 ml / 1 ss melis (superfint)

1 appelsin

For å lage karamellen, ha sukkeret og vannet i en liten kjele og oppløs det på lav varme. Kok opp, og la det deretter småkoke uten å røre i ca 10 minutter til sirupen blir gyllen. Hell over i en 15 cm suffléform og vipp fatet slik at karamellen renner ned i bunnen.

For å forberede puddingen, varm opp melken, hell den over eggene og sukkeret og pisk godt. Hell i tallerkenen. Legg fatet i en bakeplate (panne) med varmt vann som kommer halvveis opp på sidene av fatet. Stek i en forvarmet ovn ved 170°C/325°F/gassmerke 3 i 1 time til stivnet. La avkjøle før du legger på et serveringsfat. Skrell appelsinen og skjær den i horisontale skiver, og del deretter hver skive i to. Plasser godteriet rundt for å dekorere.

Gugelhopf

Vi lager en 20 cm kake av den

25 g / 1 oz fersk gjær eller 40 ml / 2½ ss tørrgjær

120 ml / ½ kopp varm melk

100 g / 4 oz / 2/3 kopp rosiner

15 ml / 1 spiseskje rom

450 g / 1 lb / 4 kopper sterkt vanlig (brød) mel

5 ml / 1 ts salt

En klype revet muskatnøtt

100 g / 4 oz / ½ kopp melis (superfint)

Revet skall av 1 sitron

175 g / 6 oz / ¾ kopp smør eller margarin, myknet

3 egg

100 g / 4 oz / 1 kopp blancherte mandler

Sukker (konditor) sukker til støv

Rør ut gjæren med litt varm melk og la den heve på et lunt sted i 20 minutter til den blir skummende. Ha rosinene i en bolle, dryss dem med rom og la dem trekke. Ha mel, salt og muskat i en bolle, og tilsett deretter sukker og sitronskall. Lag en brønn i midten, hell i gjærblandingen, den resterende melken, smøret eller margarinen og eggene og bland til en deig. Legg i en oljet bolle, dekk til med oljet folie (plastfilm) og la den heve på et lunt sted i 1 time til den dobles i størrelse. Kle en 20 cm gugelhopf-form (rillet rørform) sjenerøst og legg mandlene i bunnen. Elt rosinene og rom inn i deigen og bland godt. Hell blandingen i formen, dekk til og la den heve på et lunt sted i 40 minutter. til deigen nesten dobler seg i volum og når toppen av formen. Stek i en forvarmet ovn til 200°C i 45 minutter, til et spyd som er satt inn i midten kommer rent ut.

Mot slutten av stekingen, dekk med dobbelt bakepapir hvis kaken blir for mye brun. Slå av og la avkjøle, og dryss deretter over melis.

Gugelhopf luksussjokolade

Vi lager en 20 cm kake av den

25 g / 1 oz fersk gjær eller 40 ml / 2½ ss tørrgjær

120 ml / ½ kopp varm melk

50 g / 2 oz / 1/3 kopp rosiner

50 g / 2 oz / 1/3 kopp rips

25 g / 1 oz / 3 ss blandet skall (kandisert) hakket

15 ml / 1 spiseskje rom

450 g / 1 lb / 4 kopper sterkt vanlig (brød) mel

5 ml / 1 ts salt

5 ml / 1 ts malt allehånde

En klype malt ingefær

100 g / 4 oz / ½ kopp melis (superfint)

Revet skall av 1 sitron

175 g / 6 oz / ¾ kopp smør eller margarin, myknet

3 egg

For påkledning:
60 ml / 4 ss aprikossyltetøy (hermetisk), siktet (filtrert)

30 ml / 2 ss vann

100 g / 4 oz / 1 kopp vanlig sjokolade (halvsøt)

50 g / 2 oz / ½ kopp mandelflak (i skiver), ristet

Rør ut gjæren med litt varm melk og la den heve på et lunt sted i 20 minutter til den blir skummende. Ha rosiner, rips og skinn i en miksebolle, dryss over rom og la trekke. Ha mel, salt og krydder i en bolle, og tilsett deretter sukker og sitronskall. Lag en brønn i midten, hell i gjærblandingen, den resterende melken og egget, og bland til en deig. Legg i en oljet bolle, dekk til med oljet folie (plastfilm) og la den heve på et lunt sted i 1 time til den dobles i størrelse. Elt frukt og rom inn i deigen og bland godt. Hell blandingen i en 20 cm gugelhopf-form, godt smurt med smør (bøyd rørform), dekk til og la den heve på et lunt sted i 40 minutter, til volumet av deigen er nesten doblet. og stiger til toppen av formen. Stek i en forvarmet ovn til 200°C i 45 minutter, til et spyd som er satt inn i midten kommer rent ut. Hvis kaken blir for mye brun, dekk den med dobbelt smørepapir mot slutten av stekingen. Slå av og la avkjøles.

Varm opp syltetøyet med vannet og rør til det er godt blandet. Smør kaken. Smelt sjokoladen i en varmefast bolle plassert over en kjele med vann. Fordel det på kaken og press de flakede mandlene på bunnen før sjokoladen stivner.

Stjålet

Lager tre 350g kaker

15 g / ½ oz fersk gjær eller 20 ml / 4 ts tørr gjær

15 ml / 1 ss melis (superfint)

120 ml / 4 fl oz / ½ kopp varmt vann

25 g / 1 oz / ¼ kopp sterkt vanlig (brød) mel

Til fruktdeigen:

450 g / 1 lb / 4 kopper sterkt vanlig (brød) mel

5 ml / 1 ts salt

75 g / 3 oz / 1/3 kopp demerara sukker

1 egg, lett pisket

225 g / 8 oz / 11/3 kopper rosiner

30 ml / 2 ss rom

50 g / 2 oz / 1/3 kopp blandet skall (kandisert), hakket

50 g / 2 oz / ½ kopp malte mandler

5 ml / 1 teskje malt kanel

100 g / 4 oz / ½ kopp smør eller margarin, smeltet

175 g / 6 oz mandelmasse

For glasuren:

1 egg, lett pisket

75 g / 3 oz / 1/3 kopp pulverisert sukker (superfint)

90 ml / 6 ss vann

50 g / 2 oz / ½ kopp mandelflak (i skiver)

Sukker (konditor) sukker til støv

For gjærblandingen blander du gjær og sukker med varmt vann og mel til en pasta. La stå på et lunt sted i 20 minutter til det er skummende.

Til fruktdeigen, ha mel og salt i en bolle, tilsett sukker og lag en fordypning i midten. Tilsett egget i gjærblandingen og bland til en jevn masse. Tilsett rosiner, rom, blandet skall, malte mandler og kanel og elt til det er godt blandet og glatt. Legg i en oljet bolle, dekk til med smurt folie (plastfolie) og la hvile på et lunt sted i 30 minutter.

Del deigen i tredjedeler og kjevle ut rektangler på ca. 1 cm/½ tykkelse. Pensle toppen med smør. Del mandelmassen i tredjedeler og rull til en pølseform. Legg en i midten av hvert rektangel og brett deigen over. Snu den med sømsiden ned og legg den på et smurt (kake)brett. Pensle med eggeplomme, dekk til med oljet folie (folie) og la heve på et lunt sted i 40 minutter til den dobles i størrelse.

Stek i en forvarmet ovn til 220°C til de er gyldenbrune i 30 minutter.

I mellomtiden koker du sukker og vann i 3 minutter til du får en tykk sirup. Pensle toppen av hver stollen med sirupen og dryss over strimlede mandler og melis.

mandel stollen

Gir to 450g brød

15 g / ½ oz fersk gjær eller 20 ml / 4 ts tørr gjær

50 g / 2 oz / ¼ kopp pulverisert sukker (superfint)

300 ml / ½ pt / 1¼ kopper varm melk

1 egg

Revet skall av 1 sitron

En klype revet muskatnøtt

450 g / 1 lb / 4 kopper universalmel

en klype salt

100 g / 4 oz / 2/3 kopp blandet skall (kandisert), hakket

175 g / 6 oz / 1½ kopper hakkede mandler

50 g / 2 oz / ¼ kopp smør eller margarin, smeltet

75 g / 3 oz / ½ kopp konditorsukker, siktet, for støving

Bland gjæren med 5 ml / 1 ts sukker og litt varm melk og la den heve på et lunt sted i 20 minutter til den blir skummende. Pisk egget med det resterende sukkeret, sitronskall og muskat, pisk deretter gjærblandingen med resten av melet, salt og varm melk og bland til en jevn blanding. Legg i en oljet bolle, dekk til med smurt folie (plastfolie) og la hvile på et lunt sted i 30 minutter.

Elt det blandede skallet og mandlene sammen, dekk til igjen og la det heve på et lunt sted i 30 minutter til det dobles i størrelse.

Del deigen i to. Rull halvparten av den til en 12/30 cm pølseform, trykk den i midten av kjevlen for å dyppe den, brett den ene siden på langs og trykk forsiktig. Gjenta med den andre halvdelen. Legg på en oljet og kledd stekeplate, dekk til med oljet folie (plastfilm) og la heve på et lunt sted i 25 minutter til den dobles i størrelse. Stek i en forvarmet ovn ved 200°C/400°F/gassmerke 6 i 1 time, til den er gyldenbrun og et spyd som er satt inn i midten kommer ut rent. Smør det varme brødet rikelig med smeltet smør og strø over melis.

pistasj stjålet

Gir to 450g brød

15 g / ½ oz fersk gjær eller 20 ml / 4 ts tørr gjær

50 g / 2 oz / ¼ kopp pulverisert sukker (superfint)

300 ml / ½ pt / 1¼ kopper varm melk

1 egg

Revet skall av 1 sitron

En klype revet muskatnøtt

450 g / 1 lb / 4 kopper universalmel

en klype salt

100 g / 4 oz / 2/3 kopp blandet skall (kandisert), hakket

100 g / 4 oz / 1 kopp pistasjnøtter, hakket

100 g / 4 oz mandelmasse

15 ml / 1 ss maraschinolikør

50 g / 2 oz / 1/3 kopp konditorsukker, siktet

For påkledning:

50 g / 2 oz / ¼ kopp smør eller margarin, smeltet

75 g / 3 oz / ½ kopp konditorsukker, siktet, for støving

Bland gjæren med 5 ml / 1 ts sukker og litt varm melk og la den heve på et lunt sted i 20 minutter til den blir skummende. Pisk egget med det resterende sukkeret, sitronskall og muskat, pisk deretter gjærblandingen med resten av melet, salt og varm melk og bland til en jevn blanding. Legg i en oljet bolle, dekk til med smurt folie (plastfolie) og la hvile på et lunt sted i 30 minutter.

Elt det blandede skallet og pistasjenøtter, dekk til igjen og la det heve på et lunt sted i 30 minutter til det dobles i størrelse. Bearbeid mandelpuré, likør og melis til en pasta, kjevle ut til en tykkelse på 1 cm og skjær i terninger. Arbeid inn deigen slik at terningene forblir hele.

Del deigen i to. Rull halvparten av den til en 12/30 cm pølseform, trykk den i midten av kjevlen for å dyppe den, brett den ene siden på langs og trykk forsiktig. Gjenta med den andre halvdelen. Legg på en oljet og kledd stekeplate, dekk til med oljet folie (plastfilm) og la heve på et lunt sted i 25 minutter til den dobles i størrelse. Stek i en forvarmet ovn ved 200°C/400°F/gassmerke 6 i 1 time, til den er gyldenbrun og et spyd som er satt inn i midten kommer ut rent. Smør det varme brødet rikelig med smeltet smør og strø over melis.

baklava

Den serverer 24

450 g / 1 lb / 2 kopper melis (superfint)

300 ml / ½ pt / 1¼ kopper vann

5 ml / 1 ts sitronsaft

30 ml / 2 ss rosevann

350 g / 12 oz / 1½ kopper usaltet (søtt) smør, smeltet

450 g / 1 lb filodeig (pasta)

675 g / 1½ lb / 6 kopper mandler, finhakket

For å tilberede sirupen, løs opp sukkeret i vannet over lav varme, rør av og til. Tilsett sitronsaften og kok opp. Kok i 10 minutter til den blir sirupsaktig, tilsett deretter rosevannet og la den avkjøles og avkjøl.

Smør en stor panne med smeltet smør. Legg halvparten av filoplatene i formen, smør hver med smør. Brett kantene for å holde på fyllet. Dryss mandlene på toppen. Fortsett å legge resten av deigen i lag, pensle hvert ark med smeltet smør. Fordel toppen rikelig med smør. Skjær deigen til kuler ca 5 cm brede. Stek i en forvarmet ovn til 180°C i 25 minutter til den er sprø og gyldenbrun. Hell den kalde sirupen på toppen og la den avkjøles.

Ungarsk stresstur

Serverer 16

25 g / 1 oz fersk gjær eller 40 ml / 2½ ss tørrgjær

15 ml / 1 ss mykt brunt sukker

300 ml / ½ pt / 1¼ kopper varmt vann

15 ml / 1 ss smør eller margarin

450 g / 1 lb / 4 kopper fullkornsmel (fullkorn)

15 ml / 1 ss melkepulver (skummetmelkpulver)

5 ml / 1 ts blandet malt krydder (eplepai)

2,5 ml / ½ teskje salt

1 egg

175 g / 6 oz / 1 kopp rips

100 g / 4 oz / 2/3 kopp sultanas (gyldne rosiner)

50 g / 2 oz / 1/3 kopp rosiner

50 g / 2 oz / 1/3 kopp blandet skall (kandisert), hakket

For påkledning:

75 g / 3 oz / ¾ kopp fullkornshvetemel (hel hvete)

50 g / 2 oz / ¼ kopp smør eller margarin, smeltet

75 g / 3 oz / 1/3 kopp mykt brunt sukker

25 g / 1 oz / ¼ kopp sesamfrø

For fyllet:

50 g / 2 oz / ¼ kopp mykt brunt sukker

50 g / 2 oz / ¼ kopp smør eller margarin, myknet

50 g / 2 oz / ½ kopp malte mandler

2,5 ml / ½ ts revet muskatnøtt

25 g / 2 oz / 1/3 kopp svisker med hull, hakket

1 sammenvispet egg

Bland gjær og sukker med litt varmt vann og la det skumme i 10 minutter på et lunt sted. Smuldre smøret eller margarinen med melet, tilsett tørrmelken, krydderblandingen og saltet, og lag en fordypning i midten. Tilsett egget, gjærblandingen og det resterende varme vannet og bland til en deig. Elt til det er glatt og elastisk. Elt rips, rosiner, rosiner og blandet skinn. Legg i en oljet bolle, dekk til med oljet folie (plastfolie) og la heve på et lunt sted i 1 time.

Bland ingrediensene til toppingen til de er smuldrete. Til fyllet blander du smør eller margarin og sukker, og rører deretter inn mandler og muskatnøtt. Kjevle ut deigen til et stort rektangel, ca 1 cm tykt. Fordel den med fyllet og dryss med svisker. Rull den sammen som en swiss roll (gelatin), pensle kantene med eggeplomme for å forsegle. Skjær den i 1/2,5 cm skiver og legg den i en smurt, flat panne. Pensle med eggeplomme og dryss på toppingen. Dekk til og la stå på et varmt sted i 30 minutter. Stek i en forvarmet ovn ved 220°C/425°F/gassmerke 7 i 30 minutter.

Panfort

Lager en 23 cm kake

175 g / 6 oz / ¾ kopp granulert sukker

175 g / 6 oz / ½ kopp lett honning

100 g / 4 oz / 2/3 kopp tørkede fiken, hakket

100 g / 4 oz / 2/3 kopp blandet skall (kandisert), hakket

50 g / 2 oz / ¼ kopp glaserte (kandiserte) kirsebær, hakket

50 g / 2 oz / ¼ kopp glasert (kandisert) ananas, hakket

175 g / 6 oz / 1½ kopper blancherte mandler, grovhakkede

100 g / 4 oz / 1 kopp valnøtter, grovhakket

100 g / 4 oz / 1 kopp hasselnøtter, grovhakket

50 g / 2 oz / ½ kopp universalmel

25 g / 1 oz / ¼ kopp kakaopulver (usøtet sjokolade)

5 ml / 1 teskje malt kanel

En klype revet muskatnøtt

15 ml / 1 ss melis (konditor), siktet

Løs opp perlesukkeret i honningen i en kjele på lav varme. Kok opp og kok i 2 minutter for å lage en tykk sirup. Bland frukten og nøttene, tilsett deretter mel, kakao og krydder. Tilsett sirupen. Hell blandingen i en smurt 23 cm sandwichform (form) dekket med rispapir. Stek i en forvarmet ovn ved 180°C/350°F/gassmerke 4 i 45 minutter. La avkjøle i pannen i 15 minutter, og legg deretter på en rist til avkjøling. Dryss over melis før servering.

Deigbåndkake

Lager en 23 cm kake

300 g / 11 oz / 2¾ kopper universalmel

50 g / 2 oz / ¼ kopp smør eller margarin, smeltet

3 piskede egg

en klype salt

225 g / 8 oz / 2 kopper hakkede mandler

200 g / 7 oz / liten 1 kopp melis (superfin)

Revet skall og saft av 1 sitron

90 ml / 6 ss kirsch

Ha melet i en bolle og lag en brønn i midten. Tilsett smør, egg og salt og bland til en jevn masse. Kjevle ut tynt og skjær i smale strimler. Bland mandler, sukker og sitronskall. Smør en 23 cm kakeform (form) og dryss med mel. Legg et lag med deigbånd i bunnen av formen, strø over litt mandelblanding og strø over litt deigark. Fortsett lagdeling, avslutt med et lag deig. Dekk til med smørepapir og stek ved 180°C/350°F/gassmerke 4 i 1 time. Snu forsiktig og server varm eller kald.

Italiensk riskake med Grand Marnier

Vi lager en 20 cm kake av den

1,5 liter / 2½ pt / 6 kopper melk

en klype salt

350 g / 12 oz / 1½ kopper arborio eller annen mellomkornet ris

Revet skall av 1 sitron

60 ml / 4 ss melis (superfin)

3 egg

25 g / 1 oz / 2 ss smør eller margarin

1 eggeplomme

30 ml / 2 ss blandet skall (kandisert) malt

225 g / 8 oz / 2 kopper skivede mandler (flaket), ristet

45 ml / 3 ss Grand Marnier

30 ml / 2 ss tørre brødsmuler

Kok opp melk og salt i en tykk panne, tilsett ris og sitronskall, legg på lokk og la det småkoke i 18 minutter, rør av og til. Ta av varmen, tilsett sukker, egg og smør eller margarin og la det avkjøles. Bland sammen eggeplommene, blandet skall, valnøtter og Grand Marnier. Smør en 20 cm kakeform (form) og dryss med brødsmuler. Hell blandingen inn i stekebrettet og stek i en ovn forvarmet til 150°C i 45 minutter, til et spyd som er satt inn i midten kommer rent ut. La avkjøle i pannen, ta deretter ut av formen og server varm.

Siciliansk svampkake

Gir en kake på 23 x 9 cm / 7 x 3½

450 g / 1 lb Madeira kake

For fyllet:
450 g / 1 lb / 2 kopper ricottaost

50 g / 2 oz / ¼ kopp pulverisert sukker (superfint)

30 ml / 2 ss dobbel krem (tung)

30 ml / 2 ss blandet skall (kandisert) malt

15 ml / 1 ss hakkede mandler

30 ml / 2 ss likør med appelsinsmak

50 g / 2 oz / ½ kopp vanlig sjokolade (halvsøt), revet

For frostingen (frosting):
350 g / 12 oz / 3 kopper vanlig sjokolade (halvsøt)

175 ml / 6 fl oz / ¾ kopp sterk svart kaffe

225 g / 8 oz / 1 kopp usaltet smør eller margarin (søt)

Skjær svampen på langs i 1 cm/½ skiver. Til fyllet trykker du ricottaen gjennom en sil (sil) og blander til den er jevn. Bland sukker, fløte, kremfløte, mandler, likør og sjokolade til skum. Legg kakelagene og ricottablandingen i en foliekledd 450g/1lb brødform, og avslutt med et kakelag. Brett folie over toppen og avkjøl i 3 timer til den stivner.

For å forberede glasuren, smelt sjokoladen og kaffen i en bolle over varmt vann. Rør inn smøret eller margarinen og fortsett å piske til det er jevnt. La det avkjøles til en tykk konsistens.

Fjern kaken fra folien og legg den på serveringsfatet. Sprøyt eller spre frosting på toppen og sidene av kaken og, om nødvendig, rør design inn med en gaffel. Avkjøl det hardt.

Italiensk ricotta kake

Vi lager en 25 cm kake av den

Til sausen:

225 g / 8 oz bringebær

250 ml / 8 fl oz / 1 kopp vann

50 g / 2 oz / ¼ kopp pulverisert sukker (superfint)

30 ml / 2 ss maismel (maisstivelse)

For fyllet:

450 g / 1 lb / 2 kopper ricottaost

225 g / 8 oz / 1 kopp kremost

75 g / 3 oz / 1/3 kopp pulverisert sukker (superfint)

5 ml / 1 ts vaniljeessens (ekstrakt)

Revet skall av 1 sitron

Revet skall av 1 appelsin

En 25 cm englematkake

For å lage sausen, bland ingrediensene til den er jevn, hell deretter i en liten panne og kok på middels varme under omrøring til sausen tykner og koker. Sil og kast frøene hvis du vil. Dekk til og avkjøl.

For å forberede fyllet, bland alle ingrediensene godt.

Skjær kaken horisontalt i tre lag og legg to tredjedeler av fyllet på smørbrødet, fordel resten på toppen. Dekk til og avkjøl til servering med sausen hellet på toppen.

Italiensk pastakake

Lager en 23 cm kake

225 g / 8 oz pasta

4 egg, separert

200 g / 7 oz / liten 1 kopp melis (superfin)

225 g / 8 oz ricottaost

2,5 ml / ½ teskje malt kanel

2,5 ml / ½ teskje malt nellik

en klype salt

50 g / 2 oz / ½ kopp universalmel

50 g / 2 oz / 1/3 kopp rosiner

45 ml / 3 ss lys honning

Enkel (lett) eller dobbel (tung) krem til servering

Kok opp en stor kjele med vann, tilsett pastaen og kok i 2 minutter. Tøm og skyll med kaldt vann. Pisk eggeplommene med sukkeret til det blir skummende. Bland ricotta, kanel, nellik og salt, og tilsett deretter melet. Tilsett rosiner og pasta. Pisk eggehvitene til et stivt skum, og bland dem deretter inn i kakeblandingen. Hell i en oljet og kledd 23 cm kakeform (form) og stek i en forvarmet ovn ved 200°C i 1 time til den er gyldenbrun. Varm honningen forsiktig og hell den på den varme svampekaken. Serveres varm med fløte.

Italiensk nøtte-mascarpone-kake

Lager en 23 cm kake

450 g butterdeig

175 g / 6 oz / ¾ kopp mascarponeost

50 g / 2 oz / ¼ kopp pulverisert sukker (superfint)

30 ml / 2 ss aprikossyltetøy (reserve)

3 eggeplommer

50 g / 2 oz / ½ kopp valnøtter, hakket

100 g / 4 oz / 2/3 kopp blandet skall (kandisert), hakket

Finrevet skall av 1 sitron

Pulverisert sukker (konditor), siktet, til støv

Kjevle ut deigen og kle en smurt 23 cm flat form (form) med halvparten. Bland mascarponen med sukker, syltetøy og 2 eggeplommer til skum. Reserver 15 ml/1 ss valnøtter til pynt, og rør deretter inn resten med blandet skall og sitronskall. Øs i konditorformen (kakeformen). Dekk fyllet med den resterende deigen (deigen), fukt deretter og forsegl kantene. Pisk den resterende eggeplommen og fordel den på toppen. Stek i en forvarmet ovn til 200°C i 35 minutter, til den er gyllenbrun. Dryss over de reserverte valnøttene og dryss med melis.

Nederlandsk eplepai

Til 8 porsjoner

150 g / 5 oz / 2/3 kopp smør eller margarin

225 g / 8 oz / 2 kopper universalmel

5 ml / 1 ts bakepulver

2 egg, separert

10 ml / 2 ts sitronsaft

900 g kokeepler (terte), skrellet, kjernet ut og skåret i skiver

175 g / 6 oz / 1 kopp spiseklare tørkede aprikoser, delt i kvarte

100 g / 4 oz / 2/3 kopp rosiner

30 ml / 2 ss vann

5 ml / 1 teskje malt kanel

50 g / 2 oz / ½ kopp malte mandler

Gni inn smøret eller margarinen i melet og bakepulveret til blandingen minner om brødsmuler. Tilsett eggeplommen og 5 ml / 1 ts sitronsaft og bland til en jevn masse. Kjevle ut to tredjedeler av deigen (deigen) og kle en smurt 9/23 cm kakeform.

Legg epleskivene, aprikosene og rosinene i en kjele med resten av sitronsaften og vannet. La småkoke i 5 minutter, og sil deretter. Hell frukten i konditorformen. Bland kanel og malte mandler og dryss på toppen. Kjevle ut resten av deigen og lag et deksel til kaken. Dekk kanten med litt vann, pensle toppen med eggehvite. I en forvarmet ovn på 180°C, gassmerke 4 i ca. Stek i 45 minutter til den er fast og gyllenbrun.

vanlig norsk kake

Vi lager en 25 cm kake av den

225 g / 8 oz / 1 kopp smør eller margarin, myknet

275 g / 10 oz / 1¼ kopper pulverisert sukker (superfint)

5 egg

175 g / 6 oz / 1½ kopper universalmel

7,5 ml / 1½ ts bakepulver

en klype salt

5 ml / 1 ts mandelessens (ekstrakt)

Bland smør eller margarin og sukker godt. Tilsett eggene gradvis, pisk godt etter hver tilsetning. Bland mel, bakepulver, salt og mandelessens til skum. Hell i en usmurt 25 cm kakeform (form) og stek i en forvarmet ovn ved 160 °C / 320 °F / gassmerke 3 i 1 time til den er stiv. La avkjøle i formen i 10 minutter før du vender ut på en rist for å avslutte avkjølingen.

Norsk kransekake

Vi lager en 25 cm kake av den

450 g / 1 lb / 4 kopper malte mandler

100 g / 4 oz / 1 kopp malte bitre mandler

450 g / 1 lb / 22/3 kopper pulverisert sukker (konditorer)

3 eggehviter

For frostingen (frosting):
75 g / 3 oz / ½ kopp melis (konditorer)

½ eggehvite

2,5 ml / ½ ts sitronsaft

Bland mandlene og melis i en kjele. Tilsett en eggehvite og la blandingen bli lunken over svak varme. Ta av varmen og rør inn de resterende eggehvitene. Plasser blandingen i en sprøytepose utstyrt med en 1 cm / ½ tomme riflet dyse (spiss). Og plasser en spiral på 25 cm. diameter på en smurt bakeplate (for informasjonskapsler). Fortsett å rulle, hver 5 mm mindre enn den forrige, til du har en sirkel på 5 cm. Stek i en forvarmet ovn ved 150°C / 300°F / gassmerke 2 i ca. 15 minutter til den er gyldenbrun. Mens de fortsatt er varme, stable dem for å danne et tårn.

Bland frostingingrediensene og bruk et fint munnstykke til å tegne sikksakklinjer på kaken.

Portugisiske kokosnøttkjeks

12 siden

4 egg, separert

450 g / 1 lb / 2 kopper melis (superfint)

450 g / 1 lb / 4 kopper tørket kokosnøtt (revet)

100 g / 4 oz / 1 kopp rismel

50 ml / 2 fl oz / 3½ ss rosevann

1,5 ml / ¼ teskje malt kanel

1,5 ml / ¼ teskje malt kardemomme

En klype malt nellik

En klype revet muskatnøtt

25 g / 1 oz / ¼ kopp flak mandler (i skiver)

Pisk eggeplommer og sukker til skum. Tilsett kokos, tilsett deretter mel. Tilsett rosevann og krydder. Pisk eggehvitene til et stivt skum, og bland dem deretter inn i massen. Hell over i en smurt 25 cm firkantet form og dryss mandlene på toppen. Stek i ovn forvarmet til 180°C i 50 minutter til et spyd som er satt inn i midten kommer rent ut. La avkjøle i pannen i 10 minutter, og skjær deretter i firkanter.

Skandinavisk Tosca kake

Lager en 23 cm kake

2 egg

150 g / 5 oz / 2/3 kopp mykt brunt sukker

50 g / 2 oz / ¼ kopp smør eller margarin, smeltet

10 ml / 2 ts revet appelsinskall

150 g / 5 oz / 1¼ kopper universalmel

7,5 ml / 1½ ts bakepulver

60 ml / 4 ss dobbel krem (tung)

For påkledning:

50 g / 2 oz / ¼ kopp smør eller margarin

50 g / 2 oz / ¼ kopp pulverisert sukker (superfint)

100 g / 4 oz / 1 kopp hakkede mandler

15 ml / 1 ss dobbel krem (tung)

30 ml / 2 ss universalmel

Pisk egg og sukker til skum. Tilsett smør eller margarin og appelsinskallet, og tilsett deretter mel og bakepulver. Rør inn kremen. Hell blandingen i en smurt og kledd 23 cm kakeform (form) og stek i en forvarmet ovn ved 180°C/350°C/gassmerke 4 i 20 minutter.

For å lage dressingen, varm opp ingrediensene i en panne, rør til de er godt blandet og kok opp. Hell over kaken. Øk ovnstemperaturen til 200 °C / 400 °F / gassmerke 6 og sett kaken tilbake i ovnen i ytterligere 15 minutter til den er gyldenbrun.

Sørafrikanske Hertzog kjeks

12 siden

75 g / 3 oz / ¾ kopp universalmel

15 ml / 1 ss melis (superfint)

5 ml / 1 ts bakepulver

en klype salt

40 g / 1½ oz / 3 ss smør eller margarin

1 stor eggeplomme

5 ml / 1 ts melk

For fyllet:

30 ml / 2 ss aprikossyltetøy (reserve)

1 stor eggehvite

100 g / 4 oz / ½ kopp melis (superfint)

50 g / 2 oz / ½ kopp tørket kokosnøtt (revet)

Bland mel, sukker, bakepulver og salt. Gni inn smør eller margarin til blandingen minner om brødsmuler. Bland eggeplommen og nok melk til å lage en jevn deig. Elt godt. Kjevle ut deigen på en lett melet overflate, skjær den i ringer med en utstikker og kle smurte muffinsformer (empanadas). Legg en spiseskje syltetøy i midten av hver.

Til fyllet, pisk eggehvitene til de er stive, og tilsett deretter sukkeret til de blir stive og blanke. Tilsett kokos. Hell fyllet i formen (kakene), pass på at det dekker syltetøyet. Stek i en forvarmet ovn ved 180°C/350°F/gassmerke 4 til den er gyldenbrun i 20 minutter. La avkjøle i formene i 5 minutter før du vender ut på rist for å avslutte avkjølingen.

Baskisk kake

Vi lager en 25 cm kake av den

For fyllet:

50 g / 2 oz / ¼ kopp pulverisert sukker (superfint)

25 g / 1 oz / ¼ kopp maismel (maizena)

2 eggeplommer

300 ml / ½ pt / 1¼ kopper melk

½ vaniljestang (stang)

Litt melis (konditor)

Til kaken:

275 g / 10 oz / 1¼ kopper smør eller margarin, myknet

175 g / 5 oz / ¼ kopp melis (superfint)

3 egg

5 ml / 1 ts vaniljeessens (ekstrakt)

450 g / 1 lb / 4 kopper universalmel

10 ml / 2 ts bakepulver

en klype salt

15 ml / 1 ss konjakk

Sukker (konditor) sukker til støv

Til fyllet blander du halvparten av melis med maisenna, eggeplommen og litt melk til det blir skummende. Kok opp den resterende melken og sukkeret med vaniljestangen, og hell deretter sukker-eggblandingen sakte i, mens du rører kontinuerlig. Kok opp og kok i 3 minutter under konstant omrøring. Hell over i en bolle, strø over melis for å forhindre at det dannes et skinn, og la det avkjøles.

Til kaken blander du smør eller margarin og melis til det er lett og luftig. Tilsett gradvis egget og vaniljeessensen, alternerende med spiseskjeer mel, bakepulver og salt, og tilsett deretter resten av melet. Overfør blandingen til en vanlig sprøytepose på 1 cm utstyr med en dyse (tupp) og spiral halvparten av blandingen inn i bunnen av en smurt og melet 25 cm kakeform (form). en sirkel på toppen rundt kanten for å danne en kant for å motta fyllet. Kast vaniljestangen fra fyllet, tilsett konjakken og bland til en jevn masse, hell deretter over kakeblandingen. Fordel resten av spiralkakeblandingen på toppen. Stek i en forvarmet ovn til 190°C i 50 minutter til den er gyldenbrun og fast å ta på. La avkjøle og strø over melis.

Mandelprisme og kremost

Lager en 23 cm kake

200 g / 7 oz / 1¾ kopper smør eller margarin, myknet

100 g / 4 oz / ½ kopp melis (superfint)

1 egg

200 g / 7 oz / snaut 1 kopp kremost

5 ml / 1 ts sitronsaft

2,5 ml / ½ teskje malt kanel

75 ml / 5 ss konjakk

90 ml / 6 ss melk

30 vakre cookies (cookies)

For frostingen (frosting):

60 ml / 4 ss melis

30 ml / 2 ss kakaopulver (usøtet sjokolade)

100 g / 4 oz / 1 kopp vanlig sjokolade (halvsøt)

60 ml / 4 ss vann

50 g / 2 oz / ¼ kopp smør eller margarin

100 g / 4 oz / 1 kopp flak mandler (i skiver)

Pisk smør eller margarin og sukker til skum. Pisk egg, kremost, sitronsaft og kanel. Legg et stort ark med aluminiumsfolie på arbeidsflaten. Bland konjakk og melk. Dypp 10 kjeks i konjakkblandingen og legg to kjeks fem høyt på folien. Fordel osteblandingen på kjeks. Dypp de resterende kjeksene i konjakken og melken og legg dem på toppen av blandingen for å danne en lang, trekantet form. Pakk inn i folie og avkjøl natten over.

For å lage glasuren, kok opp sukker, kakao, sjokolade og vann i en liten kjele og kok i 3 minutter. Ta av varmen og tilsett smøret. La oss kjøle det ned litt. Fjern folien fra kaken og fordel sjokoladeblandingen på toppen. Press mandlene mens de fortsatt er varme. Avkjøl til den er stiv.

Black Forest Castle

Lager en 18 cm kake

175 g / 6 oz / ¾ kopp smør eller margarin, myknet

175 g / 6 oz / ¾ kopp melis (superfint)

3 egg, lett pisket

150 g / 5 oz / 1¼ kopper selvhevende (gjær) mel

25 g / 1 oz / ¼ kopp kakaopulver (usøtet sjokolade)

10 ml / 2 ts bakepulver

90 ml / 6 ss kirsebærsyltetøy (reserve)

100 g / 4 oz / 1 kopp vanlig sjokolade (halvsøt), finrevet

400 g / 14 oz / 1 stor boks sorte kirsebær, drenert og reservert juice

150 ml / ¼ pt / 2/3 kopp dobbel (tung) kremfløte

10 ml / 2 ts pilrot

Pisk smør eller margarin og sukker til skum. Bland gradvis inn eggene, tilsett deretter mel, kakao og bakepulver. Fordel blandingen mellom to smurte og forede 18 cm sandwichformer (ovn) og stek i en forvarmet ovn ved 180 °C / 350 °F / gassmerke 4 i 25 minutter til stivnet. La det avkjøles.

Smør syltetøy på kakene i en sandwich, og smør resten på siden av kaken. Vi presser revet sjokolade på siden av kaken. Ordne eventuelle kirsebær på toppen. Sprøyt kremen rundt den øverste kanten av kaken. Varm opp pilroten med litt rømme og fordel den over fruktene for å glasere.

Sjokoladekake og mandler

Lager en 23 cm kake

100 g / 4 oz / 1 kopp vanlig sjokolade (halvsøt)

100 g / 4 oz / ½ kopp smør eller margarin, myknet

150 g / 5 oz / 2/3 kopp pulverisert sukker (superfint)

3 egg, separert

50 g / 2 oz / ½ kopp malte mandler

100 g / 4 oz / 1 kopp universalmel

For fyllet:

225 g / 8 oz / 2 kopper vanlig sjokolade (halvsøt)

300 ml / ½ pt / 1¼ kopper dobbel krem (tung)

75 g / 3 oz / ¼ kopp bringebærsyltetøy (reserve)

Smelt sjokoladen i en varmefast bolle plassert over en kjele med vann. Bland smør eller margarin og sukker til det blir skummende, tilsett deretter sjokolade og eggeplomme. Tilsett malte mandler og mel. Pisk eggehvitene til et stivt skum, og bland dem deretter inn i massen. Hell i en smurt og kledd 23 cm kakeform (form) og stek i en forvarmet ovn ved 180°C i 40 minutter til den er fast. La den avkjøles, og del deretter kaken i to horisontalt.

Til fyllet smelter du sjokolade og fløte i en varmefast bolle over varmt vann. Rør til det er jevnt, la det avkjøles, rør av og til. Fordel kakene sammen med syltetøyet og halvparten av sjokoladekremen på en sandwich, fordel deretter toppen og sidene av kaken med den resterende kremen og la den stå.

sjokolade ostekake

Lager en 23 cm kake

For stiftelsen:

25 g / 1 oz / 2 ss melis (superfint)

175 g digestive graham cracker

75 g / 3 oz / 1/3 kopp smør eller margarin, smeltet

For fyllet:

100 g / 4 oz / 1 kopp vanlig sjokolade (halvsøt)

300 g / 10 oz / 1¼ kopper kremost

3 egg, separert

45 ml / 3 ss kakaopulver (usøtet sjokolade)

25 g / 1 oz / ¼ kopp universalmel

50 g / 2 oz / ¼ kopp mykt brunt sukker

150 ml / ¼ pt / 2/3 kopp rømme

50 g / 2 oz / ¼ kopp melis (superfint) Til dekorasjon:

100 g / 4 oz / 1 kopp vanlig sjokolade (halvsøt)

25 g / 1 oz / 2 ss smør eller margarin

120 ml / ½ kopp dobbel krem (tung)

6 glaserte kirsebær (kandiserte)

For å forberede bunnen blander du sukker og kjekssmuler med det smeltede smøret og trykker inn i bunnen og sidene av en smurt 9/23 cm springform.

Til fyllet smelter du sjokoladen i en bolle over varmt vann. La oss kjøle det ned litt. Bland osten med eggeplomme, kakao, mel, brunt sukker og rømme til skum, og bland deretter med den smeltede sjokoladen. Pisk eggehvitene til et stivt skum, tilsett deretter melis og pisk dem igjen til et stivt skum. Brett blandingen inn med en metallskje og legg den på bunnen for å jevne overflaten. Stek i en forvarmet ovn ved 160°C/325°F/gass i 3 og en halv time. Slå av ovnen og la kaken avkjøles i ovnen med døren åpen. Avkjøl den hardt, og fjern den deretter fra formen.

For å dekorere, smelt sjokolade og smør eller margarin i en bolle satt over varmt vann. Ta den av varmen og la den avkjøles litt, tilsett så fløten. Rull sjokoladen i et mønster på toppen av kaken, og pynt deretter med det glaserte kirsebæret.

sjokolade paddock kake

Vi lager en 20 cm kake av den

75 g / 3 oz / ¾ kopp vanlig sjokolade (halvsøt), hakket

200 ml / snaut 1 kopp melk

225 g / 8 oz / 1 kopp mørk brunt sukker

75 g / 3 oz / 1/3 kopp smør eller margarin, myknet

2 egg, lett pisket

2,5 ml / ½ ts vaniljeessens (ekstrakt)

150 g / 5 oz / 1¼ kopper universalmel

25 g / 1 oz / ¼ kopp kakaopulver (usøtet sjokolade)

5 ml / 1 ts natron (natron)

For frostingen (frosting):

100 g / 4 oz / 1 kopp vanlig sjokolade (halvsøt)

100 g / 4 oz / ½ kopp smør eller margarin, myknet

225 g / 8 oz / 11/3 kopper konditorsukker, siktet

Sjokoladeflak eller krøller til pynt

Smelt sjokolade, melk og 75 g sukker i en panne, og la den avkjøles litt. Pisk smøret og det resterende sukkeret til det blir skummende. Tilsett gradvis egget og vaniljeessensen, og tilsett deretter sjokoladeblandingen. Bland forsiktig inn mel, kakao og natron. Hell blandingen i to smurte og kledde 20 cm sandwichbrett (panner) og stek i en ovn forvarmet til 180°C i 30 minutter, til den blir elastisk å ta på. La avkjøles i formene i 3 minutter, og vend deretter ut på en rist for å fullføre avkjølingen.

For å lage glasuren, smelt sjokoladen i en bolle satt over varmt vann. Bland smør eller margarin og sukker til det blir skummende, tilsett deretter den smeltede sjokoladen. Smør kakene sammen med en tredjedel av frostingen, og fordel deretter resten over toppen og sidene av kaken. Pynt toppen med smuldrede flak eller lag krøller ved å skrape et godteri over det hele med en skarp kniv.

Carob og mynteport

Vi lager en 20 cm kake av den

3 egg

50 g / 2 oz / ¼ kopp pulverisert sukker (superfint)

75 g / 3 oz / 1/3 kopp selvhevende mel (gjær)

25 g / 1 oz / ¼ kopp carob pulver

150 ml / ¼ pt / 2/3 kopp kremfløte

Noen dråper peppermynteessens (ekstrakt)

50 g / 2 oz / ½ kopp hakkede blandede nøtter

Pisk eggene til de er bleke. Tilsett sukkeret og fortsett til blandingen er blek og kremaktig og går av vispen i streker. Dette kan ta mellom 15 og 20 minutter. Bland mel og johannesbrødpulver sammen og rør inn i eggedosisen. Hell i to smurte og kledde 20 cm kakeformer og stek i en ovn forvarmet til 180°C i 15 minutter til de er spenstige å ta på. Kul.

Pisk fløten til du får myke topper, tilsett essens og nøtter. Skjær hver kjeks i to horisontalt og fordel alle kjeksene sammen med kremen på et smørbrød.

Iskaffe port

Lager en 18 cm kake

225 g / 8 oz / 1 kopp smør eller margarin

100 g / 4 oz / ½ kopp melis (superfint)

2 egg, lett pisket

100 g / 4 oz / 1 kopp selvhevende mel

en klype salt

30 ml / 2 ss kaffeessens (ekstrakt)

100 g / 4 oz / 1 kopp flak mandler (i skiver)

225 g / 8 oz / 11/3 kopper konditorsukker, siktet

Pisk halvparten av smøret eller margarinen og melis til skum. Pisk eggene litt etter litt, tilsett deretter mel, salt og 15 ml/1 ss kaffeessens. Hell blandingen i to smurte og forede 7/18 cm sandwichformer (panner) og stek i en forvarmet ovn ved 180°C/350°F/gassmerke 4 i 25 minutter til stivnet. La det avkjøles. Legg mandlene i en tørr panne (panne) og rist på middels varme, rist pannen konstant, til de er gyldenbrune.

Pisk det resterende smøret eller margarinen til det er mykt, og tilsett deretter melis og resten av kaffeessensen gradvis til en smørbar konsistens er oppnådd. Legg kakene (glasuren) på et smørbrød sammen med en tredjedel av glasuren. Fordel halvparten av den resterende frostingen på siden av kaken og press de ristede mandlene inn i frostingen. Fordel resten på toppen av kaken og skjær mønstrene med en gaffel.

Gâteau kaffe og nøttering

Lager en 23 cm kake

Til kaken:

15 ml / 1 ss pulverkaffepulver

15 ml / 1 ss melk

100 g / 4 oz / 1 kopp selvhevende mel

5 ml / 1 ts bakepulver

100 g / 4 oz / ½ kopp smør eller margarin, myknet

100 g / 4 oz / ½ kopp melis (superfint)

2 egg, lett pisket

For fyllet:

45 ml / 3 ss aprikossyltetøy (hermetisk), siktet (filtrert)

15 ml / 1 spiseskje vann

10 ml / 2 ts pulverkaffepulver

30 ml / 2 ss melk

100 g / 4 oz / 2/3 kopp konditorsukker, siktet

50 g / 2 oz / ¼ kopp smør eller margarin, myknet

50 g / 2 oz / ½ kopp valnøtter, hakket

For frostingen (frosting):

30 ml / 2 ss pulverkaffepulver

90 ml / 6 ss melk

450 g / 1 lb / 22/3 kopper konditorsukker, siktet

50 g / 2 oz / ¼ kopp smør eller margarin

Noen halve valnøtter til pynt

Til kaken løser du opp kaffen i melken, blander den så med resten av kakeingrediensene og rører til alt er godt blandet. Hell i en smurt 23 cm (9 tommer) form og stek i en ovn forvarmet til 160 °C i 40 minutter til den er fjærende å ta på. La avkjøle i pannen i 5 minutter, og overfør deretter til en rist for å avslutte avkjølingen. Skjær kaken i to horisontalt.

For å forberede fyllet, varm opp syltetøyet og vannet til det er godt blandet, og pensle deretter snittflatene på kaken med en pensel. Løs opp kaffen i melken, bland deretter melis med smør eller margarin og nøtter og pisk til en smørbar konsistens er oppnådd. Fordel de to halvdelene av kaken på et smørbrød med fyllet.

For å forberede glasuren, løs kaffen i melken i en kjele satt over varmt vann. Tilsett melis og smør eller margarin og bland til en jevn masse. Fjern fra varmen, og rør av og til, la den avkjøles og tykne til et lag. Hell glasuren over kaken, pynt den med nøtter og la den stå.

Dansk Sjokolade og Pudding Gateau

Lager en 23 cm kake

4 egg, separert

175 g / 6 oz / 1 kopp konditorsukker, siktet

Revet skall av ½ sitron

60 g / 2½ oz / 2/3 kopp universalmel

60 g / 2½ oz / 2/3 kopp potetmel

2,5 ml / ½ ts bakepulver

For fyllet:

45 ml / 3 ss melis (superfin)

15 ml / 1 ss maismel (maisstivelse)

300 ml / ½ pt / 1¼ kopper melk

3 piskede eggeplommer

50 g / 2 oz / ½ kopp hakkede blandede nøtter

150 ml / ¼ pt / 2/3 kopp dobbel krem (tung)

For påkledning:

100 g / 4 oz / 1 kopp vanlig sjokolade (halvsøt)

30 ml / 2 ss dobbel krem (tung)

25 g / 1 oz / ¼ kopp hvit sjokolade, revet eller hakket

Pisk eggeplommene med melis og sitronskall til skum. Tilsett mel og bakepulver. Pisk eggehvitene til et stivt skum, bland dem deretter inn i massen med en metallskje. Hell i en smurt og kledd 23 cm kakeform (form) og stek i en forvarmet ovn ved 190°C i 20 minutter til den er gyldenbrun og elastisk å ta på. La avkjøle i pannen i 5 minutter, og overfør deretter til en rist for å avslutte avkjølingen. Skjær kaken horisontalt i tre ark.

Til fyllet blander du sukker og maisenna med litt melk for å danne en masse. Kok opp den resterende melken, hell den over maismelblandingen og bland godt. Tilbake i den skyllede pannen og rør kontinuerlig over svært lav varme til kremen tykner. Pisk eggeplommene på svært lav varme uten å la puddingen koke. La det avkjøles litt, og tilsett deretter valnøttene. Pisk fløten til et stivt skum, og bland den deretter inn i puddingen. Smør lagene med puddingen.

Til toppingen smelter du sjokoladen med fløten i en bolle satt over varmt vann. Fordel på toppen av kaken og pynt med revet hvit sjokolade.

gateau frukt

Vi lager en 20 cm kake av den

1 kokeple (pai), skrellet, kjernehus og hakket

25 g / 1 oz / ¼ kopp tørkede fiken, hakket

25 g / 1 oz / ¼ kopp rosiner

75 g / 3 oz / 1/3 kopp smør eller margarin, myknet

2 egg

175 g / 6 oz / 1½ kopper fullkornshvetemel (hel hvete)

5 ml / 1 ts bakepulver

30 ml / 2 ss skummet melk

15 ml / 1 spiseskje gelatin

30 ml / 2 ss vann

400 g / 14 oz / 1 stor boks hakket ananas, drenert

300 ml / ½ pt / 1¼ kopper fersk ost

150 ml / ¼ pt / 2/3 kopp kremfløte

Bland epler, fiken, rosiner og smør eller margarin. Knekk eggene. Tilsett hvetemel og bakepulver og nok melk til å blande til en jevn blanding. Hell i en smurt 20 cm kakeform (form) og stek i ovn forvarmet til 180°C i 30 minutter til den er stiv. Ta ut av pannen og avkjøl på rist.

For å forberede fyllet, dryss gelatinen over vann i en liten bolle og la det skumme. Sett bollen i en bolle med varmt vann og la stå til den er oppløst. La oss kjøle det ned litt. Tilsett ananas, ferskost og fløte, og sett deretter i kjøleskap for å stivne. Skjær kaken i to horisontalt og fordel den på et smørbrød sammen med kremen.

frukt savarin

Vi lager en 20 cm kake av den

15 g / ½ oz fersk gjær eller 20 ml / 4 ts tørr gjær

45 ml / 3 ss varm melk

100 g / 4 oz / 1 kopp sterkt vanlig (brød) mel

en klype salt

5 ml / 1 ts sukker

2 piskede egg

50 g / 2 oz / ¼ kopp smør eller margarin, myknet

Til sirupen:

225 g / 8 oz / 1 kopp melis (superfint)

300 ml / ½ pt / 1¼ kopper vann

45 ml / 3 ss kirsch

For fyllet:

2 bananer

100 g jordbær, i skiver

100 g / 4 oz bringebær

Bland gjær og melk, tilsett deretter 15 ml / 1 ss mel. La det stå til det skummer. Tilsett resten av melet, salt, sukker, egg og smør og bland til en jevn masse. Hell over i en smurt og melet 20 cm savarina eller ringpanne (rørpanne) og la stå på et lunt sted i ca 45 minutter, til blandingen nesten når toppen av pannen. Stek i en forvarmet ovn i 30 minutter til de er gyldenbrune og krymper fra sidene av pannen. Legg på en rist på et brett og prikk alt med et spyd.

Mens savarin koker, tilbered sirupen. Løs opp sukkeret i vannet på lav varme, rør av og til. Kok opp og la det småkoke uten å røre i 5 minutter til det er sirupsaktig. Tilsett kirsch. Hell den varme sirupen over savariaen til den er mettet. La det avkjøles.

Skjær bananen i tynne skiver og bland med resten av frukten og sirupen dryppet på brettet. Legg savarinaen på en tallerken og hell frukten i midten rett før servering.

ingefær lagkake

Lager en 18 cm kake

100 g / 4 oz / 1 kopp selvhevende mel

5 ml / 1 ts bakepulver

100 g / 4 oz / ½ kopp smør eller margarin, myknet

100 g / 4 oz / ½ kopp melis (superfint)

2 egg

For fyll og dekorasjon:
150 ml / ¼ pt / 2/3 kopp kremfløte eller krem (tung)

100 g / 4 oz / 1/3 kopp ingefær syltetøy

4 pepperkaker (cookies), knust

Noen få biter av krystallisert ingefær (kandisert)

Bland alle kakeingrediensene godt. Hell over i to smurte og forede 18 cm sandwichbrett (panner) og stek i en forvarmet ovn ved 160 °C i 25 minutter, til de er gyldenbrune og elastiske å ta på. La avkjøle i formene i 5 minutter, og vend deretter ut på en rist for å avkjøles helt. Skjær hver kake i to horisontalt.

For å forberede fyllet, pisk fløten til et stivt skum. Smør bunnlaget på en svampekake med halvparten av syltetøyet, og legg så det andre laget på toppen. Smør med halvparten av kremen og dekk med neste lag. Smør dette med det resterende syltetøyet og legg det siste laget på toppen. Fordel den resterende kremen på toppen, og pynt deretter med kjekssmulene og den krystalliserte ingefæren.

Port av druer og fersken

Vi lager en 20 cm kake av den

4 egg

100 g / 4 oz / ½ kopp melis (superfint)

75 g / 6 oz / 1½ kopper universalmel

en klype salt

For fyll og dekorasjon:

100 g / 14 oz / 1 stor boks fersken i sirup

450 ml / ¾ pt / 2 kopper dobbel krem (tung)

50 g / 2 oz / ¼ kopp pulverisert sukker (superfint)

Noen dråper vaniljeessens (ekstrakt)

100 g / 4 oz / 1 kopp hasselnøtter, hakket

100 g frøfrie druer (med frø)

En kvist fersk mynte

Pisk egg og sukker til det er tykt og blekt og skilles fra vispen i striper. Sikt inn mel og salt og bland forsiktig. Hell i en smurt og kledd 20 cm springform (form) og stek i ovn forvarmet til 180 °C i 30 minutter, til et spyd som er stukket i midten kommer ut. La avkjøle i pannen i 5 minutter, og overfør deretter til en rist for å avslutte avkjølingen. Skjær kaken i to horisontalt.

Tøm ferskenene og la det stå igjen 90 ml / 6 ss sirup. Skjær halvparten av fersken i tynne skiver og skjær resten. Pisk fløten med sukker og vaniljeessens til et stivt skum. Smør halvparten av kremen på det nederste laget av kaken, strø over de hakkede ferskenene og legg toppen av kaken på igjen. Fordel den resterende kremen på sidene og toppen av kaken. Trykk de hakkede valnøttene på siden. Legg de skivede ferskenene på kanten av toppen av kaken og druene i midten. Pynt med en kvist mynte.

Sitronpai

Lager en 18 cm kake

Til kaken:

100 g / 4 oz / ½ kopp smør eller margarin, myknet

100 g / 4 oz / ½ kopp melis (superfint)

2 egg, lett pisket

100 g / 4 oz / 1 kopp selvhevende mel

en klype salt

Revet skall og saft av 1 sitron

For frostingen (frosting):

100 g / 4 oz / ½ kopp smør eller margarin, myknet

225 g / 8 oz / 11/3 kopper konditorsukker, siktet

100 g / 4 oz / 1/3 kopp lemon curd

Floral frosting til dekorasjon

Til kaken blander du smør eller margarin og sukker til det blir skummende. Pisk eggene gradvis, tilsett deretter mel, salt og sitronskall. Hell blandingen i to smurte og forede 7/18 cm sandwichformer (panner) og stek i en forvarmet ovn ved 180°C/350°F/gassmerke 4 i 25 minutter til stivnet. La det avkjøles.

For glasuren blander du smøret eller margarinen til det er mykt, og tilsett deretter melis og sitronsaft for å få en smørbar konsistens. Smør kakene med lemon curd og fordel tre fjerdedeler av glasuren på toppen og sidene av kaken, merk mønstrene med en gaffel. Sprøyt den resterende frostingen inn i sprøyteposen med rosettene på stjernespissen (bakken) og toppen av kaken. Pynt med glasurblomster.

Brun port

Vi lager en 25 cm kake av den

425 g / 15 oz / 1 stor boks kastanjepuré

6 egg, separert

5 ml / 1 ts vaniljeessens (ekstrakt)

5 ml / 1 teskje malt kanel

350 g / 12 oz / 2 kopper konditorsukker, siktet

100 g / 4 oz / 1 kopp universalmel

5 ml / 1 ts pulverisert gelatin

30 ml / 2 ss vann

15 ml / 1 spiseskje rom

300 ml / ½ pt / 1¼ kopper dobbel krem (tung)

90 ml / 6 ss aprikossyltetøy (hermetisk), siktet (filtrert)

30 ml / 2 ss vann

450 g vanlig (halvsøt) sjokolade, brutt i biter

100 g / 4 oz mandelmasse

30 ml / 2 ss hakkede pistasjnøtter

Sikt kastanjepuréen og bland til den er jevn, del deretter i to. Bland halvparten med eggeplommene, vaniljeessens, kanel og 50 g / 2 oz / 1/3 kopp melis. Pisk eggehvitene til det dannes stive topper, og tilsett deretter gradvis 175 g melis til det dannes stive topper. Tilsett eggeplomme og kastanjeblandingen. Bland inn melet og hell i en smurt, foret 10/25 cm kakeform. Stek i en forvarmet ovn ved 180°C/350°F/gassmerke 4 i 45 minutter til den er spenstig å ta på. La avkjøles, dekk til og la stå over natten.

Dryss gelatinen over vannet i en bolle og la det skumme. Sett bollen i en bolle med varmt vann og la stå til den er oppløst. La oss kjøle det ned litt. Bland resten av kastanjepuréen med det resterende melis og rom. Pisk fløten til et stivt skum, og tilsett den deretter i pureen med oppløst gelatin. Skjær kaken horisontalt i tredjedeler og kombiner med kastanjepuréen. Trim kantene og la avkjøle i 30 minutter.

Kok syltetøyet med vannet til det er godt blandet, fordel deretter toppen og sidene av kaken. Smelt sjokoladen i en varmefast bolle plassert over en kjele med vann. Tilsett 16 formede kastanjer i mandelmassen. Dypp bunnen i den smeltede sjokoladen og deretter i pistasjenøtter. Smør toppen og sidene av kaken med den resterende sjokoladen, og glatt deretter overflaten med en slikkepott. Legg mandelkastanjene på kanten mens sjokoladen fortsatt er varm og skjær i 16 skiver. La avkjøle og stivne.

Strudel

Lager en 23 cm kake

225 g butterdeig

150 ml / ¼ pt / 2/3 kopp dobbel krem (tung) eller til pisking

45 ml / 3 ss bringebærsyltetøy (reserve)

Sikt melis (konditor).

Kjevle ut deigen (deigen) til ca 3 mm / 1/8 tykkelse og skjær i tre like rektangler. Legg på et fuktet brett og stek i en ovn forvarmet til 200°C til den er gyldenbrun i 10 minutter. La avkjøle på rist. Pisk fløten til stivt skum. Fordel de to rektanglene med syltetøyet. Fordel kremen på smørbrødene og dekk med resten av kremen. Server drysset med melis.

oransje port

Lager en 18 cm kake

225 g / 8 oz / 1 kopp smør eller margarin, myknet

100 g / 4 oz / ½ kopp melis (superfint)

2 egg, lett pisket

100 g / 4 oz / 1 kopp selvhevende mel

en klype salt

Revet skall og saft av 1 appelsin

225 g / 8 oz / 11/3 kopper konditorsukker, siktet

Glace appelsinskiver (kandiserte) til pynt

Pisk halvparten av smøret eller margarinen og melis til skum. Tilsett eggene gradvis, og tilsett deretter mel, salt og appelsinskall. Hell blandingen i to smurte og forede 7/18 cm sandwichformer (panner) og stek i en forvarmet ovn ved 180°C/350°F/gassmerke 4 i 25 minutter til stivnet. La det avkjøles.

Bland resten av smøret eller margarinen til det blir skummende, tilsett deretter melis og appelsinjuice for å få en smørbar konsistens. Smør kakene med en tredjedel av frostingen (glasuren), fordel deretter resten på toppen og sidene av kaken, merk mønstre med en gaffel. Pynt med glaserte appelsinskiver.

Firelags appelsinsyltetøykake

Lager en 23 cm kake

Til kaken:

200 ml / 7 fl oz / snaut 1 kopp vann

25 g / 1 oz / 2 ss smør eller margarin

4 egg, lett pisket

300 g / 11 oz / 11/3 kopper pulverisert sukker (superfint)

5 ml / 1 ts vaniljeessens (ekstrakt)

300 g / 11 oz / 2¾ kopper universalmel

10 ml / 2 ts bakepulver

en klype salt

For fyllet:

30 ml / 2 ss universalmel

30 ml / 2 ss maismel (maisstivelse)

15 ml / 1 ss melis (superfint)

2 egg, separert

450 ml / ¾ pt / 2 kopper melk

5 ml / 1 ts vaniljeessens (ekstrakt)

120 ml / ½ kopp søt sherry

175 g / 6 oz / ½ kopp marmelade

120 ml / ½ kopp dobbel krem (tung)

100 g / 4 oz peanøttsprø, knust

For å lage svampekaken, kok opp vannet med smøret eller margarinen. Pisk egg og sukker til det blir skummende, og fortsett deretter å piske til det blir lyst. Pisk vaniljeessens, dryss over mel, bakepulver og salt, hell deretter over blandingen av smør og kokende vann. Bland godt. Hell i to smurte og melede sandwichbrett (panner) og stek i en forvarmet ovn ved 180°C/350°F/gassmerke 4 i 25 minutter, til de er gyldenbrune og spenstige å ta på. La avkjøles i formene i 3 minutter, og vend deretter ut på en rist for å fullføre avkjølingen. Skjær hver kake i to horisontalt.

Til fyllet blander du mel, maisenna, sukker og eggeplomme til du får en masse med litt melk. Kok opp den resterende melken i en panne, hell den deretter i blandingen og rør til den er jevn. Tilbake i den skyllede pannen og la det småkoke på lav varme, mens du rører hele tiden, til det tykner. Etter å ha tatt av varmen, tilsett vaniljeessens og la den avkjøles litt. Pisk eggehvitene til et stivt skum, og rør dem deretter sammen.

Dryss alle fire kakelagene med sherry, smør tre med syltetøy, og fordel deretter pudding på toppen. Bland lagene i en firelags sandwich. Pisk kremfløten til stivt skum og hell den på toppen av kaken. Dryss over peanøttsprø.

Gateau med valnøtter og dadler

Lager en 23 cm kake

Til kaken:

250 ml / 8 fl oz / 1 kopp kokende vann

450 g / 1 lb / 2 kopper dadler med hull, finhakket

2,5 ml / ½ ts natron (natron)

225 g / 8 oz / 1 kopp smør eller margarin, myknet

225 g / 8 oz / 1 kopp melis (superfint)

3 egg

100 g / 4 oz / 1 kopp hakkede pekannøtter

5 ml / 1 ts vaniljeessens (ekstrakt)

350 g / 12 oz / 3 kopper universalmel

10 ml / 2 ts malt kanel

5 ml / 1 ts bakepulver

For frostingen (frosting):

120 ml / 4 fl oz / ½ kopp vann

30 ml / 2 ss kakaopulver (usøtet sjokolade)

10 ml / 2 ts pulverkaffepulver

100 g / 4 oz / ½ kopp smør eller margarin

400 g / 14 oz / 21/3 kopper konditorsukker, siktet

50 g / 2 oz / ½ kopp pekannøtter, hakket

Til kaken, hell kokende vann over dadlene og natron og la avkjøle. Pisk smør eller margarin og melis til skum. Tilsett egget gradvis, tilsett deretter valnøtter, vaniljeessens og dadler. Tilsett mel, kanel og bakepulver. Hell i to smørsmurte 23 cm sandwichbrett (panner) og stek i en forvarmet ovn ved 180°C i 30 minutter, til den er elastisk å ta på. Legg på rist til avkjøling.

For å lage glasuren, kok opp vann, kakao og kaffe i en liten panne til du får en tykk sirup. La det avkjøles. Pisk smør eller margarin og melis til det er mykt, og rør deretter inn sirupen. Legg kakene sammen med en tredjedel av frostingen på et smørbrød. Fordel halvparten av den resterende frostingen på siden av kaken, og trykk deretter de hakkede pekannøttene på toppen. Fordel mesteparten av den resterende frostingen på toppen og rør noen frostrosetter.

Plomme- og kanelkake

Lager en 23 cm kake

350 g / 12 oz / 1½ kopper smør eller margarin, myknet

175 g / 6 oz / ¾ kopp melis (superfint)

3 egg

150 g / 5 oz / 1¼ kopper selvhevende (gjær) mel

5 ml / 1 ts bakepulver

5 ml / 1 teskje malt kanel

350 g / 12 oz / 2 kopper konditorsukker, siktet

5 ml / 1 ts finrevet appelsinskall

100 g / 4 oz / 1 kopp hasselnøtter, grovmalt

300 g / 11 oz / 1 middels boks svisker, drenert

Pisk halvparten av smøret eller margarinen og melis til skum. Pisk inn eggene gradvis, tilsett deretter mel, bakepulver og kanel. Legg i en oljet og kledd 23 cm firkantet form (form) og stek i en ovn forvarmet til 180°C i 40 minutter, til et spyd som er satt inn i midten kommer ut rent. Ta ut av formen og la avkjøle.

Pisk resten av smøret eller margarinen til det er mykt, og bland deretter inn melis og revet appelsinskall. Skjær kaken i to horisontalt, og fordel deretter de to halvdelene med to tredjedeler av frostingen. Fordel mesteparten av den resterende frostingen på toppen og sidene av kaken. Trykk pekannøttene på siden av kaken og legg plommene vakkert på toppen. Klem dekorativt den resterende frostingen rundt den øverste kanten av kaken.

Skjærelag Gâteau

Vi lager en 25 cm kake av den

Til kaken:

225 g / 8 oz / 1 kopp smør eller margarin

300 g / 10 oz / 2¼ kopper pulverisert sukker (superfint)

3 egg, separert

450 g / 1 lb / 4 kopper universalmel

5 ml / 1 ts bakepulver

5 ml / 1 ts natron (natron)

5 ml / 1 teskje malt kanel

5 ml / 1 ts revet muskatnøtt

2,5 ml / ½ teskje malt nellik

en klype salt

250 ml / 8 fl oz / 1 kopp tung krem (lett)

225 g / 8 oz / 11/3 kopper kokte svisker med urter (uthulet), finhakket

For fyllet:

250 ml / 8 fl oz / 1 kopp tung krem (lett)

100 g / 4 oz / ½ kopp melis (superfint)

3 eggeplommer

225 g / 8 oz / 11/3 kopper kokte svisker, uthulet

30 ml / 2 ss revet appelsinskall

5 ml / 1 ts vaniljeessens (ekstrakt)

50 g / 2 oz / ½ kopp hakkede blandede nøtter

Bland smør eller margarin og sukker til kaken. Tilsett eggeplommen gradvis, tilsett deretter mel, bakepulver, natron, krydder og salt. Tilsett fløte og svisker. Pisk eggehvitene til et stivt skum, og bland dem deretter inn i massen. Hell i tre smurte og melete 10/25 cm sandwichformer (panner) og stek i en forvarmet ovn ved 180°C/350°F/gassmerke 4 i 25 minutter, til de er godt hevet og fjærende å ta på. La det avkjøles.

Bland fyllingrediensene godt, bortsett fra valnøttene. Ha i en panne og kok på lav varme til det tykner, mens du rører hele tiden. Fordel en tredjedel av fyllet på bunnkaken og strø over en tredjedel av pekannøttene. Legg den andre kaken på toppen og topp med halvparten av den resterende frostingen og halvparten av de resterende pekannøttene. Legg den siste kaken på toppen og smør med resten av frostingen og nøttene.

regnbuestripet kake

Lager en 18 cm kake

Til kaken:

100 g / 4 oz / ½ kopp smør eller margarin, myknet

225 g / 8 oz / 1 kopp melis (superfint)

3 egg, separert

225 g / 8 oz / 2 kopper universalmel

en klype salt

120 ml / ½ kopp melk, pluss litt

5 ml / 1 ts krem av tartar

2,5 ml / ½ ts natron (natron)

Noen dråper sitronessens (ekstrakt)

Noen dråper rød konditorfarge.

10 ml / 2 ts kakaopulver (usøtet sjokolade)

For fylling og frosting (glasur):

225 g / 8 oz / 11/3 kopper konditorsukker, siktet

50 g / 2 oz / ¼ kopp smør eller margarin, myknet

10 ml / 2 ts varmt vann

5 ml / 1 ts melk

2,5 ml / ½ ts vaniljeessens (ekstrakt)

dekorere fargede sukkertråder

Til kaken blander du smør eller margarin og sukker til det blir skummende. Rør gradvis inn eggeplommen, tilsett deretter mel og salt vekselvis med melken. Bland kremen av tartar og natron med litt melk, bland deretter inn i massen. Pisk eggehvitene til et stivt skum, bland dem deretter inn i massen med en metallskje. Del blandingen i tre like deler. Bland sitronessens i den første bollen, rød konditorfarge i den andre og kakao i den tredje. Hell blandingen i smurte og kledde 18 cm kakeformer (former) og stek i en forvarmet ovn på 180°C i 25 minutter, til de er gyldenbrune og spenstige å ta på.

For å lage glasuren, ha melis i en bolle og lag en brønn i midten. Bland gradvis inn smør eller margarin, vann, melk og vaniljeessens til du har en smørbar blanding. Fordel en tredjedel av blandingen på smørbrødene, fordel deretter resten på toppen og sidene av kaken, skrap overflaten med en gaffel. Dryss toppen med farget sukker.

Gateau St-Honoré

Vi lager en 25 cm kake av den

For choux-deigen (pastaen):

50 g / 2 oz / ¼ kopp usaltet smør eller margarin (søt)

150 ml / ¼ pt / 2/3 kopp melk

en klype salt

50 g / 2 oz / ½ kopp universalmel

2 egg, lett pisket

225 g butterdeig

1 eggeplomme

For karamellen:

225 g / 6 oz / ¾ kopp melis (superfint)

90 ml / 6 ss vann

For fyll og dekorasjon:

5 ml / 1 ts pulverisert gelatin

15 ml / 1 spiseskje vann

1 porsjon vaniljekremfrosting

3 eggehviter

175 g / 6 oz / ¾ kopp melis (superfint)

90 ml / 6 ss vann

For å lage choux-deigen (pastaen), smelt smøret med melken og saltet over svak varme. Kok raskt opp, ta deretter av varmen, tilsett melet raskt og rør til deigen skiller seg fra siden av kjelen. La det avkjøles litt, pisk deretter inn eggene gradvis og fortsett å piske til det er glatt og blankt.

Kjevle ut butterdeigen til en 26 cm sirkel, legg den på en oljet bakeplate og prikk den med en gaffel. Overfør chouxdeigen til en vanlig sprøytepose utstyrt med en 1 cm / ½ tomme dyse (spiss) og lag en sirkel rundt kanten av butterdeigen. Tegn en andre sirkel halvveis til midten. Rull små kuler av den resterende chouxdeigen i en egen smurt bakeplate. Pensle hele deigen med eggeplomme og stek i en forvarmet ovn ved 220°C/425°F/gassmerke 7 i 12 minutter for chouxkulene og 20 minutter for bunnen, til de er gyldenbrune og luftige.

For å lage karamellen løser du opp sukkeret i vannet og koker uten å røre i ca 8 minutter ved 160°C til du har en lys karamell. Smør den ytre ringen med karamell, bit for bit. Dypp den øvre halvdelen av kulene i karamell, og trykk dem deretter mot den ytre deigringen.

For å forberede fyllet, dryss gelatinen med vann i en bolle og la det skumme. Sett bollen i en bolle med varmt vann og la stå til den er oppløst. La det avkjøles litt, og tilsett så vaniljekremen. Pisk eggehvitene til et stivt skum. I mellomtiden koker du opp sukker og vann til 120°C, eller til en dråpe kaldt vann danner en hard ball. Bland gradvis inn eggehvitene og pisk til den avkjøles. Tilsett puddingen. Ha konditorkremen i midten av kaken og la den avkjøles før servering.

Jordbær Choux Gâteau

Lager en 23 cm kake

50 g / 2 oz / ¼ kopp smør eller margarin

150 ml / ¼ pt / 2/3 kopp vann

75 g / 3 oz / 1/3 kopp universalmel

en klype salt

2 egg, lett pisket

50 g / 2 oz / 1/3 kopp konditorsukker, siktet

300 ml / ½ pt / 1¼ kopper dobbel (tung) kremfløte

225 g jordbær, delt i to

25 g / 1 oz / ¼ kopp flak mandler (i skiver)

Ha smør eller margarin og vann i en kjele og kok sakte opp. Ta av varmen og rør raskt inn mel og salt. Pisk inn eggene gradvis til røren er blank og trekker seg vekk fra sidene av pannen. Slipp skjeer av blandingen i en sirkel på et smurt (kake)brett for å danne en rund kake og stek i en forvarmet ovn ved 220°C/425°F/gassmerke 7 i 30 minutter til den er gyldenbrun. La det avkjøles. Skjær kaken i to horisontalt. Pisk melis i kremen. Legg halvdelene sammen med fløte, jordbær og mandler på et smørbrød.

kaffekake

Vi lager en 20 cm kake av den

100 g / 4 oz / ½ kopp smør eller margarin, myknet

100 g / 4 oz / ½ kopp melis (superfint)

2 egg, lett pisket

2,5 ml / ½ teskje kaffeessens (ekstrakt) eller sterk svart kaffe

150 g / 5 oz / 1¼ kopper selvhevende (gjær) mel

2,5 ml / ½ ts bakepulver

Kaffe smør frosting

30 ml / 2 ss hakkede blandede nøtter (valgfritt)

Pisk smør eller margarin og sukker til skum. Tilsett egget og kaffeessensen gradvis, og tilsett deretter melet og bakepulveret. Hell over i to smurte og forede 20 cm sandwichbrett (panner) og stek i en forvarmet ovn ved 160 °C / 325 °F / gassmerke 3 i 20 minutter, til de er spenstige å ta på. La avkjøles i pannene i 4 minutter, og vend deretter ut på en rist for å fullføre avkjølingen. Smør kakene med halvparten av smørkremfrostingen, fordel deretter resten på toppen og prikk prøvene med en gaffel. Dryss over valnøtter om ønskelig.

Kaffe Streusel kake

Vi lager en 20 cm kake av den

50 g / 2 oz / ¼ kopp smør eller margarin, myknet

100 g / 4 oz / ½ kopp melis (superfint)

1 egg, lett pisket

10 ml / 2 ts kaffeessens (ekstrakt)

100 g / 4 oz / 1 kopp selvhevende mel

en klype salt

75 g / 3 oz / ½ kopp sultanas (gyldne rosiner)

60 ml / 4 ss melk Til toppingen:

50 g / 2 oz / ¼ kopp smør eller margarin

30 ml / 2 ss universalmel

75 g / 3 oz / 1/3 kopp mykt brunt sukker

10 ml / 2 ts malt kanel

50 g / 2 oz / ½ kopp hakkede blandede nøtter

Pisk smør eller margarin og sukker til skum. Tilsett eggeessensen og kaffen litt etter litt, og tilsett deretter mel og salt. Tilsett sultanas og nok melk til å få en jevn konsistens.

For å lage toppingen, gni smøret eller margarinen med mel, sukker og kanel til blandingen minner om brødsmuler. Tilsett valnøttene. Fordel halvparten av toppingen på bunnen av en smurt og kledd 20 cm form (form). Hell i kakeblandingen og strø over resten av toppingen. Stek i en ovn forvarmet til 220°C i 15 minutter, til den er gjennomhevet og elastisk å ta på.

gårds dryppkake

Lager en 18 cm kake

225 g / 8 oz / 11/3 kopper blandet tørket frukt (fruktkakeblanding)

75 g / 3 oz / 1/3 kopp biff dryppings (smør)

150 g / 5 oz / 2/3 kopp mykt brunt sukker

250 ml / 8 fl oz / 1 kopp vann

225 g / 8 oz / 2 kopper fullkornshvetemel (hel hvete)

5 ml / 1 ts bakepulver

2,5 ml / ½ ts natron (natron)

5 ml / 1 teskje malt kanel

En klype revet muskatnøtt

En klype malt nellik

Kok opp frukt, drypp, sukker og vann i en tykkbasert panne og la det småkoke i 10 minutter. La det avkjøles. Bland de andre ingrediensene i en bolle, hell deretter i den smeltede blandingen og bland forsiktig. Hell i en smurt og kledd 18 cm kakeform (form) og stek i en forvarmet ovn ved 180°C/350°F/gassmerke 4 i 1,5 time, til den har hevet seg godt og krymper fra sidene av kaken.

Amerikansk pepperkake med sitronsaus

Vi lager en 20 cm kake av den

225 g / 8 oz / 1 kopp melis (superfint)

50 g / 2 oz / ¼ kopp smør eller margarin, smeltet

30 ml / 2 ss blackstrap melasse (melasse)

2 eggehviter, lett pisket

225 g / 8 oz / 2 kopper universalmel

5 ml / 1 ts natron (natron)

5 ml / 1 teskje malt kanel

2,5 ml / ½ teskje malt nellik

1,5 ml / ¼ teskje malt ingefær

en klype salt

250 ml / 8 fl oz / 1 kopp kjernemelk

Til sausen:

100 g / 4 oz / ½ kopp melis (superfint)

30 ml / 2 ss maismel (maisstivelse)

en klype salt

En klype revet muskatnøtt

250 ml / 8 fl oz / 1 kopp kokende vann

15 g / ½ oz / 1 ss smør eller margarin

30 ml / 2 ss sitronsaft

2,5 ml / ½ ts finrevet sitronskall

Bland sukker, smør eller margarin og melasse. Tilsett eggehvitene. Bland mel, natron, krydder og salt. Tilsett melblandingen og kjernemelken vekselvis i smør-sukkerblandingen til det er godt blandet. Legg i en smurt og melet 20 cm kakeform (form) og stek i en forvarmet ovn på 200°C i 35 minutter, til et spyd som er satt inn i midten kommer rent ut. La avkjøle i formen i 5 minutter før du vender ut på rist for å avslutte avkjølingen. Kaken kan serveres kald eller varm.

For å lage sausen, kombiner sukker, maisstivelse, salt, muskat og vann i en liten kjele på lav varme og rør til det er godt kombinert. Kok på lav varme under omrøring til blandingen er tykk og klar. Tilsett smør eller margarin og sitronsaft og -skall og bland. Hell over pepperkaker ved servering.

kaffe pepperkaker

Vi lager en 20 cm kake av den

200 g / 7 oz / 1¾ kopper selvhevende mel

10 ml / 2 ts malt ingefær

10 ml / 2 ts pulverkaffegranulat

100 ml / 4 fl oz / ½ kopp varmt vann

100 g / 4 oz / ½ kopp smør eller margarin

75 g / 3 oz / ¼ kopp gylden sirup (lys mais)

50 g / 2 oz / ¼ kopp mykt brunt sukker

2 piskede egg

Bland mel og ingefær. Løs opp kaffen i varmt vann. Smelt margarin, sirup og sukker og bland med de tørre ingrediensene. Tilsett kaffen og egget. Hell i en smurt og kledd 20 cm kakeform (form) og stek i ovn forvarmet til 180°C i 40-45 minutter, til den er gjennomhevet og elastisk å ta på.

Ingefær kremkake

Vi lager en 20 cm kake av den

175 g / 6 oz / ¾ kopp smør eller margarin, myknet

150 g / 5 oz / 2/3 kopp mykt brunt sukker

3 egg, lett pisket

175 g / 6 oz / 1½ kopper selvhevende mel

15 ml / 1 ss malt ingefær Til fyllet:

150 ml / ¼ pt / 2/3 kopp dobbel krem (tung)

15 ml / 1 ss melis (konditor), siktet

5 ml / 1 ts malt ingefær

Pisk smør eller margarin og sukker til skum. Tilsett egget litt etter litt, deretter mel og ingefær og bland godt. Hell over i to smurte og forede 20 cm sandwichbrett (panner) og stek i en forvarmet ovn ved 180 °C / 350 °F / gassmerke 4 i 25 minutter, til den er godt hevet og elastisk å ta på. La det avkjøles.

Pisk fløten med sukker og ingefær til et stivt skum, og bruk den så til kakene.

liverpool ingefærkake

Vi lager en 20 cm kake av den

100 g / 4 oz / ½ kopp smør eller margarin

100 g / 4 oz / ½ kopp demerara sukker

30 ml / 2 ss gylden sirup (lys mais)

225 g / 8 oz / 2 kopper universalmel

2,5 ml / ½ ts natron (natron)

10 ml / 2 ts malt ingefær

2 piskede egg

225 g / 8 oz / 11/3 kopper sultanas (gyldne rosiner)

50 g / 2 oz / ½ kopp krystallisert (kandisert) ingefær, hakket

Smelt smør eller margarin med sukker og sirup over svak varme. Ta av varmen, tilsett de tørre ingrediensene og egget og bland godt. Tilsett sultanas og ingefær. Hell i en smurt og kledd 20 cm firkantet kakeform og stek i en forvarmet ovn på 150°C, gassmerke 3, i halvannen time, til den er elastisk å ta på. Kaken kan synke litt på midten. La det avkjøles i boksen.

havregryn pepperkaker

Gir en kake på 35 x 23 cm / 14 x 9

225 g / 8 oz / 2 kopper fullkornshvetemel (hel hvete)

75 g / 3 oz / ¾ kopp havregryn

5 ml / 1 ts natron (natron)

5 ml / 1 ts krem av tartar

15 ml / 1 spiseskje malt ingefær

225 g / 8 oz / 1 kopp smør eller margarin

225 g / 8 oz / 1 kopp mykt brunt sukker

Bland mel, havre, natron, kremen av tartar og ingefær i en bolle. Gni inn smør eller margarin til blandingen minner om brødsmuler. Tilsett sukkeret. Trykk massen godt inn i en smurt 35 x 23 cm 14 x 9 kakeform (panne) og stek i ovn forvarmet til 160°C til den er gyldenbrun i 30 minutter. Skjær i firkanter mens de fortsatt er varme og la avkjøle helt i boksen.

Oransje pepperkaker

Lager en 23 cm kake

450 g / 1 lb / 4 kopper universalmel

5 ml / 1 teskje malt kanel

2,5 ml / ½ teskje malt ingefær

2,5 ml / ½ ts natron (natron)

175 g / 6 oz / 2/3 kopp smør eller margarin

175 g / 6 oz / 2/3 kopp pulverisert sukker (superfint)

75 g / 3 oz / ½ kopp glasert (kandisert) appelsinskall, hakket

Revet skall og saft av en halv stor appelsin

175 g / 6 oz / ½ kopp gylden sirup (lys mais), varm

2 egg, lett pisket

Litt melk

Bland mel, krydder og natron sammen, og gni deretter inn smøret eller margarinen til blandingen minner om brødsmuler. Tilsett sukker, appelsinskall og skall, og lag en brønn i midten. Bland appelsinjuice og varm sirup, tilsett eggene til de er jevne og rennende, tilsett litt melk om nødvendig. Pisk godt, hell deretter i en smurt, 23 cm diameter, firkantet panne og stek i en forvarmet ovn på 160°C i 1 time, til den er godt hevet og elastisk å ta på.

klissete pepperkaker

Vi lager en 25 cm kake av den

275 g / 10 oz / 2½ kopper universalmel

10 ml / 2 ts malt kanel

5 ml / 1 ts natron (natron)

100 g / 4 oz / ½ kopp smør eller margarin

175 g / 6 oz / ½ kopp gylden sirup (lys mais)

175 g / 6 oz / ½ kopp blackstrap melasse (melasse)

100 g / 4 oz / ½ kopp mykt brunt sukker

2 piskede egg

150 ml / ¼ pt / 2/3 kopp varmt vann

Bland mel, kanel og natron. Smelt smøret eller margarinen med sirup, melasse og sukker, og hell det deretter i de tørre ingrediensene. Tilsett egg og vann og bland godt. Hell i en smurt og kledd 25 cm firkantet form (form). Stek i ovn forvarmet til 180°C i 40-45 minutter, til de er gjennomhevet og elastisk å ta på.

fullkorns pepperkaker

Lager en 18 cm kake

100 g / 4 oz / 1 kopp universalmel

100 g / 4 oz / 1 kopp fullkornshvetemel (hel hvete)

50 g / 2 oz / ¼ kopp mykt brunt sukker

50 g / 2 oz / 1/3 kopp sultanas (gyldne rosiner)

10 ml / 2 ts malt ingefær

5 ml / 1 teskje malt kanel

5 ml / 1 ts natron (natron)

en klype salt

100 g / 4 oz / ½ kopp smør eller margarin

30 ml / 2 ss gylden sirup (lys mais)

30 ml / 2 ss blackstrap melasse (melasse)

1 egg, lett pisket

150 ml / ¼ pt / 2/3 kopp melk

Bland de tørre ingrediensene. Smelt smøret eller margarinen med sirup og melasse, og bland deretter de tørre ingrediensene med egg og melk. Hell i en oljet og kledd 18 cm kakeform (form) og stek i en forvarmet ovn ved 160°C i 1 time til den er litt elastisk å ta på.

Honning og mandelkake

Vi lager en 20 cm kake av den

250 g / 9 oz revne gulrøtter

65 g / 2½ oz mandler, finhakket

2 egg

100 g / 4 oz / 1/3 kopp lett honning

60 ml / 4 ss olje

150 ml / ¼ pt / 2/3 kopp melk

100 g / 4 oz / 1 kopp fullkornshvetemel (hel hvete)

25 g / 1 oz / ¼ kopp universalmel

10 ml / 2 ts malt kanel

2,5 ml / ½ ts natron (natron)

en klype salt

sitronglasur

Noen få flakket mandler (i skiver) til pynt

Bland gulrøtter og valnøtter. Pisk eggene i en egen bolle, bland deretter inn honning, olje og melk. Tilsett gulrøtter og valnøtter, og tilsett deretter de tørre ingrediensene. Hell i en smurt og kledd 20 cm kakeform (form) og stek i en forvarmet ovn ved 150°C i 1-1¼ time, til den er gjennomhevet og sprø å ta på. La avkjøle i pannen før du former. Dekk med sitronglasur, og dekorer deretter med strimlede mandler.

sitron-iskremkake

Lager en 18 cm kake

100 g / 4 oz / ½ kopp smør eller margarin, myknet

100 g / 4 oz / ½ kopp melis (superfint)

2 egg

100 g / 4 oz / 1 kopp universalmel

50 g / 2 oz / ½ kopp malt ris

2,5 ml / ½ ts bakepulver

Revet skall og saft av 1 sitron

100 g / 4 oz / 2/3 kopp konditorsukker, siktet

Pisk smør eller margarin og sukker til skum. Bland inn eggene ett etter ett, pisk godt etter hver tilsetning. Bland mel, malt ris, bakepulver og sitronskall, og rør deretter inn i blandingen. Hell i en oljet og kledd 18 cm kakeform (form) og stek i en forvarmet ovn ved 180°C, gassmerke 4, i 1 time, til den er elastisk å ta på. Ta ut av formen og la avkjøle.

Bland melis med litt sitronsaft til en jevn masse. Legg den på kaken og la den hvile.

iste-ring

Til 4-6 porsjoner

150 ml / ¼ pt / 2/3 kopp varm melk

2,5 ml / ½ teskje tørrgjær

25 g / 1 oz / 2 ss melis (superfint)

25 g / 1 oz / 2 ss smør eller margarin

225 g / 8 oz / 2 kopper sterkt vanlig (brød) mel

1 sammenvispet egg Til fyllet:

50 g / 2 oz / ¼ kopp smør eller margarin, myknet

50 g / 2 oz / ¼ kopp malte mandler

50 g / 2 oz / ¼ kopp mykt brunt sukker

For påkledning:

100 g / 4 oz / 2/3 kopp konditorsukker, siktet

15 ml / 1 ss varmt vann

30 ml / 2 ss flakede mandler (i skiver)

Hell melken med gjær og sukker og bland. La stå på et lunt sted til det er skummende. Smuldre smøret eller margarinen med melet. Tilsett gjærblandingen og egget og pisk godt. Dekk bollen med oljet folie (plastfolie) og la stå på et lunt sted i 1 time. Elt den igjen, og form den deretter til et rektangel på ca. 30 x 23 cm. Fordel smøret eller margarinen tilberedt til fyllet med deigen og strø over malte mandler og sukker. Rull den til en lang pølse og form den til en ring, tett kantene med litt vann. Kutt to tredjedeler av rullen med ca. 1½/3 cm mellomrom og legg på et smurt (kake)brett. La stå i 20 minutter på et varmt sted. Stek i en forvarmet ovn ved 200°C/425°F/gass 7 i 15 minutter. Reduser ovnstemperaturen til 180°C/350°F/gass 4 i ytterligere 15 minutter.

I mellomtiden blander du melis og vann for å lage en glasur. Når den er avkjølt smører du den på kaken og pynter med strimlede mandler.

dame kake

Gir en kake på 23 x 18 cm / 9 x 7

15 g / ½ oz fersk gjær eller 20 ml / 4 ts tørr gjær

5 ml / 1 ts melis (superfin)

300 ml / ½ pt / 1¼ kopper varmt vann

150 g / 5 oz / 2/3 kopp smult (vegetabilsk matfett)

450 g / 1 lb / 4 kopper universalmel (for brød)

en klype salt

100 g / 4 oz / 2/3 kopp sultanas (gyldne rosiner)

100 g / 4 oz / 2/3 kopp lett honning

Bland gjæren med sukkeret og litt varmt vann og surr på et lunt sted i 20 minutter til det blir skum.

Gni 25g / 1oz / 2ss smult inn i melet og saltet og lag en brønn i midten. Tilsett gjærblandingen og det resterende varme vannet og bland til du får en stiv deig. Elt til det er glatt og elastisk. Legg i en oljet bolle, dekk til med oljet folie (plastfilm) og la den heve på et lunt sted i ca 1 time, til den dobles i størrelse.

Del det resterende smøret i terninger. Elt deigen igjen, kjevle den deretter ut i ca. til et rektangel på 35 x 23 cm. Dekk de øverste to tredjedelene av deigen med en tredjedel av fettet, en tredjedel av sultanasene og en fjerdedel av honningen. Brett den vanlige tredjedelen av deigen over fyllet, og brett den øverste tredjedelen over den. Klem kantene sammen for å forsegle, og snu deigen en kvart omdreining slik at bretten er på venstre side. Kjevle ut og gjenta prosessen to ganger til for å bruke opp alt fettet og sultanasene. Legg på et smurt (kake-)brett og lag et kryss på toppen med en kniv. Dekk til og la stå på et lunt sted i 40 minutter.

Stek i en forvarmet ovn ved 220°C/425°F/gassmerke 7 i 40 minutter. Dryss på toppen med den resterende honningen og la den avkjøles.

Lardy Karvefrøkake

Gir en kake på 23 x 18 cm / 9 x 7

450 g / 1 lb Grunnleggende hvit brøddeig

175 g / 6 oz / ¾ kopp smult (vegetabilsk fett), i terninger

175 g / 6 oz / ¾ kopp melis (superfint)

15 ml / 1 ss spisskummen

Forbered deigen, kjevle den deretter ut på en lett melet overflate til et rektangel på ca. 35 x 23 cm. Dryss de øverste to tredjedelene av deigen med halvparten av fettet og halvparten av sukkeret, og brett deretter inn den vanlige deigen. en tredjedel av deigen og brett den øverste tredjedelen over den. Vi gir deigen en kvart omdreining slik at folden er på vår venstre side, så ruller vi den ut igjen og drysser den med det resterende smøret og sukkeret og spisskummen på samme måte. Brett den igjen, form den så den passer til en bakeplate (panne) og skjær toppen i en diamantform. Dekk til med oljet folie (plastfolie) og la stå på et lunt sted i ca 30 minutter til dobbel størrelse.

Stek i en forvarmet ovn ved 200°C/400°F/gassmerke 6 i 1 time. La den avkjøles i pannen i 15 minutter slik at fettet trekkes inn i deigen, dekk den deretter til på rist for å avkjøles helt.

marmorkake

Vi lager en 20 cm kake av den

175 g / 6 oz / ¾ kopp smør eller margarin, myknet

175 g / 6 oz / ¾ kopp melis (superfint)

3 egg, lett pisket

225 g / 8 oz / 2 kopper selvhevende mel (gjær)

Noen dråper mandelessens (ekstrakt)

Noen dråper grønn konditorfarge

Noen dråper rød konditorfarge.

Pisk smør eller margarin og sukker til skum. Tilsett egget gradvis og deretter melet. Del blandingen i tre deler. Tilsett mandelessensen til en tredjedel, grønn konditorfarge til en tredjedel, og rød konditorfarge til den resterende tredjedelen. Hell store skjeer av de tre blandingene vekselvis i en smurt og kledd 20 cm (form) kakeform og stek i en forvarmet ovn ved 180°C i 45 minutter til de er myke. og fleksibel å ta på.

Lincolnshire lagkake

Vi lager en 20 cm kake av den

175 g / 6 oz / ¾ kopp smør eller margarin

350 g / 12 oz / 3 kopper universalmel

en klype salt

150 ml / ¼ pt / 2/3 kopp melk

15 ml / 1 ss tørrgjær Til fyllet:

225 g / 8 oz / 11/3 kopper sultanas (gyldne rosiner)

225 g / 8 oz / 1 kopp mykt brunt sukker

25 g / 1 oz / 2 ss smør eller margarin

2,5 ml / ½ teskje malt allehånde

1 egg, separert

Gni inn halvparten av smøret eller margarinen med mel og salt til blandingen minner om brødsmuler. Varm opp resten av smøret eller margarinen med melken til den er varm, bland deretter litt til du får en pasta med gjæren. Bland gjærblandingen og den resterende melken og smøret inn i melblandingen og elt til den er jevn. Ha den i en oljet bolle, dekk til og la den heve på et lunt sted i ca 1 time, til den dobles i størrelse. Ha i mellomtiden ingrediensene til fyllet, unntatt eggehvitene, i en panne på svak varme og kok til det smelter.

Kjevle ut en fjerdedel av deigen til 20 cm og fordel den med en tredjedel av fyllet. Gjenta med den resterende mengden deig og fyll, dekk med en sirkel av deig. Pensle kantene med eggehvite og forsegl. Stek i en forvarmet ovn ved 190°C/375°F/gassmerke 5 i 20 minutter. Pensle toppen med eggehvite, og sett deretter tilbake i ovnen i ytterligere 30 minutter, til den er gyldenbrun.

brødkake

Lager en kake på 900 g

175 g / 6 oz / ¾ kopp smør eller margarin, myknet

275 g / 10 oz / 1¼ kopper pulverisert sukker (superfint)

Revet skall og saft av ½ sitron

120 ml / 4 fl oz / ½ kopp melk

275 g / 10 oz / 2¼ kopper selvhevende (gjær) mel

5 ml / 1 ts salt

5 ml / 1 ts bakepulver

3 egg

Pulverisert sukker (konditor), siktet, til støv

Pisk smør eller margarin, sukker og sitronskall til skum. Tilsett sitronsaft og melk, rør deretter inn mel, salt og bakepulver og bland til en jevn masse. Tilsett eggene gradvis, pisk godt etter hver tilsetning. Hell blandingen i en smurt og foret 900 g form og stek i en forvarmet ovn ved 150 °F / 300 °F / gassmerke 2 i 1¼ time til den er spenstig å ta på. La avkjøle i formen i 10 minutter før du tar den ut av formen for å avslutte avkjølingen på rist. Server drysset med melis.

syltetøyskake

Lager en 18 cm kake

175 g / 6 oz / ¾ kopp smør eller margarin, myknet

175 g / 6 oz / ¾ kopp melis (superfint)

3 egg, separert

300 g / 10 oz / 2½ kopper selvhevende mel (gjær)

45 ml / 3 ss tykt syltetøy

50 g / 2 oz / 1/3 kopp blandet skall (kandisert), hakket

Revet skall av 1 appelsin

45 ml / 3 ss vann

For frostingen (frosting):

100 g / 4 oz / 2/3 kopp konditorsukker, siktet

Saft av 1 appelsin

Noen få skiver krystallisert appelsin (kandisert)

Pisk smør eller margarin og sukker til skum. Tilsett gradvis eggeplommen, deretter 15 ml / 1 ss mel. Bland inn syltetøy, blandet skall, appelsinskall og vann, rør så inn resten av melet. Pisk eggehvitene til et stivt skum, bland dem deretter inn i massen med en metallskje. Hell i en oljet og kledd kakeform (18 cm) og stek i en forvarmet ovn ved 180°C i 1¼ time, til den er gjennomhevet og elastisk å ta på. La avkjøle i pannen i 5 minutter, og overfør deretter til en rist for å avslutte avkjølingen.

For å lage glasuren, ha melis i en bolle og lag en brønn i midten. Bearbeid gradvis med nok appelsinjuice for å få en smørbar konsistens. Hell over kaken og sidene og la det stivne. Pynt med krystalliserte appelsinskiver.

valmuefrøkake

Vi lager en 20 cm kake av den

250 ml / 8 fl oz / 1 kopp melk

100 g / 4 oz / 1 kopp valmuefrø

225 g / 8 oz / 1 kopp smør eller margarin, myknet

225 g / 8 oz / 1 kopp mykt brunt sukker

3 egg, separert

100 g / 4 oz / 1 kopp universalmel

100 g / 4 oz / 1 kopp fullkornshvetemel (hel hvete)

5 ml / 1 ts bakepulver

Kok opp melken sammen med valmuefrøene i en liten kjele, ta deretter av varmen, dekk til og la trekke i 30 minutter. Pisk smør eller margarin og sukker til det er lett og luftig. Bland gradvis inn eggeplommen, tilsett deretter mel og bakepulver. Tilsett valmuefrø og melk. Pisk eggehvitene til et stivt skum, bland dem deretter inn i massen med en metallskje. Legg i en smurt og kledd 20 cm lang form (form) og stek i en forvarmet ovn på 180°C i 1 time, til et spyd som er satt inn i midten kommer rent ut. La avkjøle i formen i 10 minutter før du snur opp og ned på rist.

naturlig yoghurtkake

Lager en 23 cm kake

150 g / 5 oz vanlig yoghurt

150 ml / ¼ pt / 2/3 kopp olje

225 g / 8 oz / 1 kopp melis (superfint)

225 g / 8 oz / 2 kopper selvhevende mel (gjær)

10 ml / 2 ts bakepulver

2 piskede egg

Bland alle ingrediensene til de er jevn, og hell deretter i en smurt og foret 9-tommers kakeform. Stek i en forvarmet ovn ved 160°C/325°F/gassmerke 3 i 1¼ time til den er spenstig å ta på. La det avkjøles i boksen.

Beskjær puddingpai

Lager en 23 cm kake

For fyllet:

150 g / 5 oz / 2/3 kopp svisker med hull, grovhakket

120 ml / 4 fl oz / ½ kopp appelsinjuice

50 g / 2 oz / ¼ kopp pulverisert sukker (superfint)

30 ml / 2 ss maismel (maisstivelse)

175 ml / 6 fl oz / ¾ kopp melk

2 eggeplommer

Finrevet skall av 1 appelsin

Til kaken:

175 g / 6 oz / ¾ kopp smør eller margarin, myknet

225 g / 8 oz / 1 kopp melis (superfint)

3 egg, lett pisket

200 g / 7 oz / 1¾ kopper universalmel

10 ml / 2 ts bakepulver

2,5 ml / ½ ts revet muskatnøtt

75 ml / 5 ss appelsinjuice

Lag først fyllet. Bløtlegg sviskene i appelsinjuicen i minst to timer.
Bland sukker og maismel med litt melk til du får en pasta. Kok opp den resterende melken i en panne. Tilsett sukker og maisstivelse og bland godt, deretter tilbake til den skyllede pannen og tilsett eggeplommen. Tilsett appelsinskallet og rør på svært lav varme til det tykner, men ikke la puddingen koke. Legg kjelen i en bolle med kaldt vann og rør puddingen av og til mens den avkjøles.

Til kaken blander du smør eller margarin og sukker til det blir skummende. Pisk eggene litt etter litt, tilsett deretter mel, bakepulver og muskat, vekselvis med appelsinjuice. Hell halvparten av deigen i en smurt kakeform på 23 cm, fordel deretter puddingen på toppen, og etterlater et gap i kanten. Hell sviskene og bløtleggingssaften over puddingen, og hell deretter den resterende kakeblandingen over den, pass på at kakeblandingen smelter inn i fyllet på sidene og dekker fyllet helt. Stek i en ovn forvarmet til 200°C i 35 minutter til de er gyldenbrune og krymper fra sidene av formen. La avkjøle i pannen før du former.

Bringebærbølget kake med sjokoladeglasur

Vi lager en 20 cm kake av den

175 g / 6 oz / ¾ kopp smør eller margarin, myknet

175 g / 6 oz / ¾ kopp melis (superfint)

3 egg, lett pisket

225 g / 8 oz / 2 kopper selvhevende mel (gjær)

100 g bringebær Til frosting (glasur) og pynt:

Frosting med hvit sjokolade smørkrem

100 g / 4 oz / 1 kopp vanlig sjokolade (halvsøt)

Pisk smør eller margarin og sukker til skum. Tilsett egget gradvis og deretter melet. Bringebær moses og gnis deretter gjennom et dørslag (sil) for å fjerne frøene. Rør pureen inn i kakeblandingen slik at den trenger inn i massen og ikke blander seg. Hell i en smurt og kledd 20 cm form (form) og stek i en forvarmet ovn ved 180°C/350°F/gassmerke 4 i 45 minutter, til den er godt hevet og fjærende å ta på. Legg på rist til avkjøling.

Smør smørkremfrostingen på kaken og skrap overflaten med en gaffel. Smelt sjokoladen i en varmefast bolle plassert over en kjele med vann. Fordel den på en bakepapirkledd stekeplate (kjeks) og la den nesten stivne. Skrap sjokoladen med kanten av en skarp kniv for å krølle den. Bruk den til å dekorere toppen av kaken.

sandkake

Vi lager en 20 cm kake av den

75 g / 3 oz / 1/3 kopp smør eller margarin, myknet

75 g / 3 oz / 1/3 kopp pulverisert sukker (superfint)

2 egg, lett pisket

100 g / 4 oz / 1 kopp maismel (maizena)

25 g / 1 oz / ¼ kopp universalmel

5 ml / 1 ts bakepulver

50 g / 2 oz / ½ kopp hakkede blandede nøtter

Pisk smør eller margarin og sukker til skum. Pisk inn eggene gradvis, og tilsett deretter maismel, mel og bakepulver. Hell blandingen i en smurt 20 cm firkantet form (form) og strø over hakkede valnøtter. I en forvarmet ovn på 180°C, gassmerke 4, i 1 time, til den er fjærende å ta på.

Oljekake

Lager en 18 cm kake

100 g / 4 oz / ½ kopp smør eller margarin, myknet

100 g / 4 oz / ½ kopp melis (superfint)

2 egg, lett pisket

225 g / 8 oz / 2 kopper universalmel

25 g / 1 oz / ¼ kopp spisskummen

5 ml / 1 ts bakepulver

en klype salt

45 ml / 3 ss melk

Pisk smør eller margarin og sukker til skum. Pisk inn eggene gradvis, tilsett deretter mel, spisskummen, bakepulver og salt. Tilsett nok melk for å få en rennende konsistens. Hell i en smurt og kledd 18 cm kakeform (form) og stek i en forvarmet ovn ved 200°C / 400°F / gassmerke 6 i 1 time, til den er elastisk å ta på og sidene begynner å krympe. Ut av boksen.

Krydret ringkake

Gjør en 23 cm / 9 tommer ring

1 eple, skrelt, kjernehuset og revet

30 ml / 2 ss sitronsaft

25 g / 8 oz / 1 kopp mykt brunt sukker

5 ml / 1 ts malt ingefær

5 ml / 1 teskje malt kanel

2,5 ml / ½ teskje malt krydderblanding (eplepai)

225 g / 8 oz / 2/3 kopp gylden sirup (lys mais)

250 ml / 8 fl oz / 1 kopp olje

10 ml / 2 ts bakepulver

400 g / 14 oz / 3½ kopper universalmel

10 ml / 2 ts natron (natron)

250 ml / 8 fl oz / 1 kopp sterk varm te

1 sammenvispet egg

Pulverisert sukker (konditor), siktet, til støv

Bland eple og sitronsaft. Tilsett sukker og krydder, deretter sirup og olje. Tilsett bakepulveret til melet og natron til den varme teen. Rør disse vekselvis inn i massen, og rør deretter inn egget. Hell i en smurt og kledd 23 cm dyp ringkakeform (form) og stek i en forvarmet ovn ved 180°C/350°F/gassmerke 4 i 1 time, til den er spenstig å ta på. La avkjøle i pannen i 10 minutter, og overfør deretter til en rist for å avslutte avkjølingen. Server drysset med melis.

krydret lagkake

Lager en 23 cm kake

100 g / 4 oz / ½ kopp smør eller margarin, myknet

100 g / 4 oz / ½ kopp granulert sukker

100 g / 4 oz / ½ kopp mykt brunt sukker

2 piskede egg

175 g / 6 oz / 1½ kopper universalmel

5 ml / 1 ts bakepulver

5 ml / 1 teskje malt kanel

2,5 ml / ½ ts natron (natron)

2,5 ml / ½ teskje malt krydderblanding (eplepai)

en klype salt

200 ml / snaue 1 kopp boks dampet melk

Sitronsmørfrosting

Pisk smør eller margarin og sukker til skum. Pisk inn eggene gradvis, tilsett deretter de tørre ingrediensene og fordampet melk og bland til en jevn masse. Hell i to smurte og kledde 23 cm kakeformer (former) og stek i ovn forvarmet til 180°C i 30 minutter til de er spenstige å ta på. La den avkjøles, og legg den deretter på en sandwich med sitronsmørkrem.

Kanelsukkerkake

Lager en 23 cm kake

175 g / 6 oz / 1½ kopper selvhevende mel

10 ml / 2 ts bakepulver

en klype salt

175 g / 6 oz / ¾ kopp melis (superfint)

50 g / 2 oz / ¼ kopp smør eller margarin, smeltet

1 egg, lett pisket

120 ml / 4 fl oz / ½ kopp melk

2,5 ml / ½ ts vaniljeessens (ekstrakt)

For påkledning:

50 g / 2 oz / ¼ kopp smør eller margarin, smeltet

50 g / 2 oz / ¼ kopp mykt brunt sukker

2,5 ml / ½ teskje malt kanel

Bland alle kakeingrediensene til den er jevn og godt. Hell i en smurt 23 cm kakeform (form) og stek i en ovn forvarmet til 180°C til den er gyldenbrun i 25 minutter. Smør den varme kaken med smør. Bland sukker og kanel og dryss på toppen. Sett kaken tilbake i ovnen i ytterligere 5 minutter.

viktoriansk tekake

Vi lager en 20 cm kake av den

225 g / 8 oz / 1 kopp smør eller margarin, myknet

225 g / 8 oz / 1 kopp melis (superfint)

225 g / 8 oz / 2 kopper selvhevende mel (gjær)

25 g / 1 oz / ¼ kopp maismel (maizena)

30 ml / 2 ss spisskummen

5 egg, separert

granulert sukker til strø

Pisk smør eller margarin og sukker til det er lett og luftig. Tilsett mel, maisstivelse og spisskummen frø. Pisk eggeplommen og bland den så inn i massen. Pisk eggehvitene til et stivt skum, vend dem deretter forsiktig inn i massen med en metallskje. Hell i en smurt og kledd 20 cm kakeform (form) og dryss på sukker. Stek i en forvarmet ovn ved 180°C/350°F/gass i 4 1/2 time, til den er gyldenbrun og begynner å krympe fra sidene av pannen.

Alt i en fruktkake

Vi lager en 20 cm kake av den

175 g / 6 oz / ¾ kopp smør eller margarin, myknet

175 g / 6 oz / ¾ kopp mykt brunt sukker

3 egg

15 ml / 1 ss gylden sirup (lys mais)

100 g / 4 oz / ½ kopp glaserte kirsebær (kandiserte)

100 g / 4 oz / 2/3 kopp sultanas (gyldne rosiner)

100 g / 4 oz / 2/3 kopp rosiner

225 g / 8 oz / 2 kopper selvhevende mel (gjær)

10 ml / 2 ts blandet malt krydder (eplepai)

Ha alle ingrediensene i en bolle og bland godt eller bearbeid i en foodprosessor. Legg i en smurt og kledd 20 cm kakeform (form) og stek i en forvarmet ovn ved 160 °C / 325 °F / gassmerke 3 i halvannen time, til et spyd som er satt inn i midten kommer rent ut. La stå i formen i 5 minutter, og flytt deretter over på en rist for å fullføre avkjølingen.

Alt i en fruktkake

Vi lager en 20 cm kake av den

350 g / 12 oz / 2 kopper blandet tørket frukt (fruktkakeblanding)

100 g / 4 oz / ½ kopp smør eller margarin

100 g / 4 oz / ½ kopp mykt brunt sukker

150 ml / ¼ pt / 2/3 kopp vann

2 store egg, pisket

225 g / 8 oz / 2 kopper selvhevende mel (gjær)

5 ml / 1 ts blandet malt krydder (eplepai)

Ha frukt, smør eller margarin, sukker og vann i en kjele, kok opp og kok i 15 minutter. La det avkjøles. Tilsett skjeer egg, mel og blandede krydder vekselvis, og bland deretter godt. Hell i en smurt 20 cm kakeform (form) og stek i forvarmet ovn ved 140 °C i 1-1,5 time, til et spyd som er satt inn i midten kommer rent ut.

Australsk fruktkake

Lager en kake på 900 g

100 g / 4 oz / ½ kopp smør eller margarin

225 g / 8 oz / 1 kopp mykt brunt sukker

250 ml / 8 fl oz / 1 kopp vann

350 g / 12 oz / 2 kopper blandet tørket frukt (fruktkakeblanding)

5 ml / 1 ts natron (natron)

10 ml / 2 ts blandet malt krydder (eplepai)

5 ml / 1 ts malt ingefær

100 g / 4 oz / 1 kopp selvhevende mel

100 g / 4 oz / 1 kopp universalmel

1 sammenvispet egg

Kok opp alle ingrediensene unntatt mel og egg i en panne. Fjern fra varmen og la avkjøles. Tilsett mel og egg. Hell blandingen i en smurt og kledd brødform på 900 g og stek i en ovn forvarmet til 160°C i 1 time, til den er myk og skorpen kommer ut. senter. renset.

Rik amerikansk kake

Vi lager en 25 cm kake av den

225 g / 8 oz / 1 1/3 kopper rips

100 g / 4 oz / 1 kopp blancherte mandler

15 ml / 1 ss appelsinblomstvann

45 ml / 3 ss tørr sherry

1 stor eggeplomme

2 egg

350 g / 12 oz / 1½ kopper smør eller margarin, myknet

175 g / 6 oz / ¾ kopp melis (superfint)

En klype malt mace

En klype malt kanel

En klype malt nellik

En klype malt ingefær

En klype revet muskatnøtt

30 ml / 2 ss konjakk

225 g / 8 oz / 2 kopper universalmel

50 g / 2 oz / ½ kopp blandet skall (kandisert), hakket

Bløtlegg ripsene i varmt vann i 15 minutter, og tøm deretter godt. Finmal mandlene med appelsinblomstvannet og 15 ml / 1 ss sherry. Pisk eggeplommene og eggene. Bland smør eller margarin og sukker til det blir skummende, tilsett deretter mandelblandingen og egget og pisk til det blir blekt. Tilsett krydder, resterende sherry og konjakk. Tilsett melet og rør deretter inn rips og det blandede skinnet. Legg i en smurt, 25 cm kakeform og stek i forvarmet ovn ved 180°C / gassmerke 4 i ca. Stek i 1 time til et spyd som er satt inn i midten kommer rent ut.

Carob fruktkake

Lager en 18 cm kake

450 g / 1 lb / 2 2/3 kopper rosiner

300 ml / ½ pt / 1¼ kopper appelsinjuice

175 g / 6 oz / ¾ kopp smør eller margarin, myknet

3 egg, lett pisket

225 g / 8 oz / 2 kopper universalmel

75 g / 3 oz / ¾ kopp johannesbrødpulver

10 ml / 2 ts bakepulver

Revet skall av 2 appelsiner

50 g / 2 oz / ½ kopp valnøtter, hakket

Bløtlegg rosinene i appelsinjuice over natten. Bland smør eller margarin og egg til en jevn masse. Rør gradvis inn rosinene og appelsinjuicen, samt de andre ingrediensene. Hell i en smurt og kledd 18 cm kakeform (form) og stek i en forvarmet ovn ved 180°C/350°F/gassmerke 4 i 30 minutter, reduser deretter ovnstemperaturen til 160°C/325°F/gass merke 3 i ytterligere 1¼ time, til et spyd som er satt inn i midten kommer rent ut. La avkjøle i formen i 10 minutter før du vender ut på en rist for å avslutte avkjølingen.

Kaffe Fruktkake

Vi lager en 25 cm kake av den

450 g / 1 lb / 2 kopper melis (superfint)

450 g / 1 lb / 2 kopper dadler uten hull, hakket

450 g / 1 lb / 22/3 kopper rosiner

450 g / 1 lb / 22/3 kopper sultanas (gyldne rosiner)

100 g / 4 oz / ½ kopp glaserte (kandiserte) kirsebær, hakket

100 g / 4 oz / 1 kopp hakkede blandede nøtter

450 ml / ¾ pt / 2 kopper sterk svart kaffe

120 ml / 4 fl oz / ½ kopp olje

100 g / 4 oz / 1/3 kopp gylden sirup (lys mais)

10 ml / 2 ts malt kanel

5 ml / 1 ts revet muskatnøtt

en klype salt

10 ml / 2 ts natron (natron)

15 ml / 1 spiseskje vann

2 egg, lett pisket

450 g / 1 lb / 4 kopper universalmel

120 ml / ½ kopp sherry eller konjakk

Kok opp alle ingrediensene unntatt natron, vann, egg, mel og sherry eller konjakk i en tykkbunnet panne. Kok i 5 minutter under konstant omrøring, fjern deretter fra varmen og la avkjøles. Bland natron med vannet, og tilsett det deretter til fruktblandingen med egg og mel. Øs over i en smurt og kledd 25 cm kakeform (form) og bind et dobbelt lag med bakepapir (voks) rundt utsiden slik at det ligger oppå formen. Stek i en forvarmet ovn ved 160°C/325°F/gassmerke 3 i 1 time. Reduser ovnstemperaturen til 150°C/300°F/gassmerke 2 og stek i ytterligere 1 time. Reduser ovnstemperaturen til 140°C/275°F/gassmerke 1 og stek i en tredje time. Reduser ovnstemperaturen til 120°C/250°F/gassmark ½ og stek i en siste time, og dekk toppen av kaken med bakepapir (voks) hvis den begynner å brune for mye. når den er bakt

Cornish Heavy Pie

Lager en kake på 900 g

350 g / 12 oz / 3 kopper universalmel

2,5 ml / ½ teskje salt

175 g / 6 oz / ¾ kopp smult (vegetabilsk fett)

75 g / 3 oz / 1/3 kopp pulverisert sukker (superfint)

175 g / 6 oz / 1 kopp rips

Litt hakket (kandisert) blandet skall (valgfritt)

Omtrent 150 ml / ¼ pt / 2/3 kopp melk og vann blandet

1 sammenvispet egg

Ha mel og salt i en bolle, og gni deretter inn fettet til blandingen minner om brødsmuler. Tilsett de resterende tørre ingrediensene. Tilsett gradvis nok melk og vann til å lage en stiv deig. Varer ikke lenge. Fordel den på et smurt (kjeks)brett, ca 1 cm tykt. Pensle med sammenvispet egg. Tegn et mønster på kryss og tvers på toppen med tuppen av en kniv. i en ovn forvarmet til 160°C, gassmerke 3 i ca. Stek til de er gyldenbrune på 20 minutter. La det avkjøles og skjær deretter i terninger.

rips kake

Lager en 23 cm kake

225 g / 8 oz / 1 kopp smør eller margarin

300 g / 11 oz / 1½ kopper melis (superfint)

en klype salt

100 ml / 3½ fl oz / 6½ ss kokende vann

3 egg

400 g / 14 oz / 3½ kopper universalmel

175 g / 6 oz / 1 kopp rips

50 g / 2 oz / ½ kopp blandet skall (kandisert), hakket

100 ml / 3½ fl oz / 6½ ss kaldt vann

15 ml / 1 ss bakepulver

Ha smør eller margarin, sukker og salt i en bolle, hell kokende vann over og la det stå til det mykner. Pisk raskt til det er glatt og kremet. Tilsett eggene litt etter litt, og bland deretter vekselvis mel, rips og blandet skall med det kalde vannet. Tilsett bakepulveret. Legg deigen i en smurt 23 cm kakeform (form) og stek i ovn forvarmet til 180°C i 30 minutter. Reduser ovnstemperaturen til 150°C/300°F/gassmerke 2 og stek i ytterligere 40 minutter, til et spyd som er satt inn i midten kommer rent ut. La avkjøle i formen i 10 minutter før du snur opp og ned på rist.

mørk fruktkake

Vi lager en 25 cm kake av den

225 g / 8 oz / 1 kopp hakket glasert (kandisert) frukt

350 g / 12 oz / 2 kopper dadler med hull (uthulet), hakket

225 g / 8 oz / 1 1/3 kopper rosiner

225 g / 8 oz / 1 kopp glaserte kirsebær (kandiserte), hakket

100 g / 4 oz / ½ kopp glasert (kandisert) ananas, hakket

100 g / 4 oz / 1 kopp hakkede blandede nøtter

225 g / 8 oz / 2 kopper universalmel

5 ml / 1 ts natron (natron)

5 ml / 1 teskje malt kanel

2,5 ml / ½ ts allehånde

1,5 ml / ¼ teskje malt nellik

1,5 ml / ¼ teskje salt

225 g / 8 oz / 1 kopp smult (vegetabilsk fett)

225 g / 8 oz / 1 kopp mykt brunt sukker

3 egg

175 g / 6 oz / ½ kopp blackstrap melasse (melasse)

2,5 ml / ½ ts vaniljeessens (ekstrakt)

120 ml / ½ kopp kjernemelk

Bland frukt og nøtter. Bland mel, natron, krydder og salt og tilsett 50 g til frukten. Pisk fett og sukker til skum. Tilsett eggene gradvis, pisk godt etter hver tilsetning. Tilsett melasseessensen og vanilje. Tilsett kjernemelken vekselvis med den resterende melblandingen og bland til en jevn masse. Tilsett frukten. Legg i en smurt og kledd

25 cm kakeform (form) og stek i en forvarmet ovn på 140°C i 2 og en halv time, til et spyd som er satt inn i midten kommer rent ut. La avkjøle i pannen i 10 minutter, og overfør deretter til en rist for å avslutte avkjølingen.

Skjær og returner kaken

Vi lager en 20 cm kake av den

275 g / 10 oz / 1 2/3 kopper stiblanding (fruktkakeblanding)

100 g / 4 oz / ½ kopp smør eller margarin

150 ml / ¼ pt / 2/3 kopp vann

1 sammenvispet egg

225 g / 8 oz / 2 kopper universalmel

en klype salt

100 g / 4 oz / ½ kopp melis (superfint)

Ha frukten, smøret eller margarinen og vannet i en kjele og kok på svak varme i 20 minutter. La det avkjøles. Tilsett egget, og tilsett deretter mel, salt og sukker gradvis. Hell i en smurt 20 cm kakeform (form) og stek i en forvarmet ovn ved 160°C/325°F/gassmerke 3 i 1¼ time, til et spyd som er satt inn i midten kommer rent ut.

Dundee kake

Vi lager en 20 cm kake av den

225 g / 8 oz / 1 kopp smør eller margarin, myknet

225 g / 8 oz / 1 kopp melis (superfint)

4 store egg

225 g / 8 oz / 2 kopper universalmel

en klype salt

350 g / 12 oz / 2 kopper rips

350 g / 12 oz / 2 kopper sultanas (gyldne rosiner)

175 g / 6 oz / 1 kopp hakket blandet skall (kandisert)

100 g glaserte kirsebær (kandiserte), delt i kvarte

Revet skall av ½ sitron

50 g hele mandler, blanchert

Bland smør og sukker til det er lett og luftig. Pisk inn eggene ett om gangen, bland godt mellom hver tilsetning. Tilsett mel og salt. Tilsett frukt og sitronskall. Hakk halvparten av mandlene og tilsett blandingen. Øs i en smurt og kledd 20 cm kakeform (form) og surr en strimmel brunt papir rundt utsiden av formen slik at den er ca 5 cm høyere enn formen. Del de reserverte mandlene og legg dem i konsentriske sirkler på toppen av kaken. Stek i en ovn forvarmet til 150°C i 3 og en halv time, til et spyd som er satt inn i midten kommer rent ut. Etter 2 og en halv time, sjekk om toppen av kaken begynner å brune for mye,

Over natten fruktkake uten egg

Vi lager en 20 cm kake av den

50 g / 2 oz / ¼ kopp smør eller margarin

225 g / 8 oz / 2 kopper selvhevende mel (gjær)

5 ml / 1 ts natron (natron)

5 ml / 1 ts revet muskatnøtt

5 ml / 1 ts blandet malt krydder (eplepai)

en klype salt

225 g / 8 oz / 11/3 kopper blandet tørket frukt (fruktkakeblanding)

100 g / 4 oz / ½ kopp mykt brunt sukker

250 ml / 8 fl oz / 1 kopp melk

Gni inn smøret eller margarinen med mel, natron, krydder og salt til blandingen minner om brødsmuler. Bland frukt og sukker, og tilsett deretter melken til alle ingrediensene er godt blandet. Dekk til og la stå over natten.

Hell blandingen i en smurt og kledd 20 cm kakeform (form) og stek i ovn forvarmet til 180 °C i 1 time, til et spyd som er stukket inn i formen kommer ut. ren.

Idiotsikker fruktkake

Lager en 23 cm kake

225 g / 8 oz / 1 kopp smør eller margarin

200 g / 7 oz / liten 1 kopp melis (superfin)

175 g / 6 oz / 1 kopp rips

175 g / 6 oz / 1 kopp sultanas (gyldne rosiner)

50 g / 2 oz / ½ kopp blandet skall (kandisert), hakket

75 g / 3 oz / ½ kopp dadler med hull (uthulet), hakket

5 ml / 1 ts natron (natron)

200 ml / 7 fl oz / snaut 1 kopp vann

75 g / 2 oz / ¼ kopp glaserte (kandiserte) kirsebær, hakket

100 g / 4 oz / 1 kopp hakkede blandede nøtter

60 ml / 4 ss konjakk eller sherry

300 g / 11 oz / 2¾ kopper universalmel

5 ml / 1 ts bakepulver

en klype salt

2 egg, lett pisket

Smelt smøret eller margarinen, tilsett deretter sukker, rips, rosiner, blandet skall og dadler. Bland natron med litt vann, og tilsett deretter resten av vannet til fruktblandingen. Kok opp og la det småkoke i 20 minutter, rør av og til. Dekk til og la stå over natten.

Smør og kle en 23 cm kakeform (form) og kle den med et dobbelt lag med fett (vokset) papir eller brunt papir slik at det passer over toppen av formen. Tilsett de glaserte kirsebærene, valnøtter og konjakk eller sherry, tilsett deretter mel, bakepulver og salt. Tilsett eggene. Hell i den forberedte kakeformen og stek i en forvarmet ovn ved 160°C/325°F/gassmerke 3 i 1 time. Reduser ovnstemperaturen til 140°C/275°F/gassmerke 1 og stek i ytterligere 1 time. Reduser ovnstemperaturen igjen til 120°C og stek i ytterligere 1 time til et spyd som er satt inn i midten kommer rent ut. Mot slutten av steketiden dekker du toppen av kaken med vannfast eller brunt papir hvis den blir for brun. La avkjøle i pannen i 30 minutter, og overfør deretter til en rist for å fullføre avkjølingen.

Ginger Shortcake

Lager en 18 cm kake

100 g / 4 oz / ½ kopp smør eller margarin, myknet

100 g / 4 oz / ½ kopp melis (superfint)

2 egg, lett pisket

30 ml / 2 ss melk

225 g / 8 oz / 2 kopper selvhevende mel (gjær)

5 ml / 1 ts bakepulver

10 ml / 2 ts blandet malt krydder (eplepai)

5 ml / 1 ts malt ingefær

100 g / 4 oz / 2/3 kopp rosiner

100 g / 4 oz / 2/3 kopp sultanas (gyldne rosiner)

Pisk smør eller margarin og sukker til skum. Rør gradvis inn egget og melken, tilsett deretter mel, bakepulver og krydder, deretter frukten. Hell blandingen i en smurt og foret kakeform (7/18 cm) og stek i en forvarmet ovn ved 160°C/325°F/gassmerke 3 i 1¼ time, til den er gjennomhevet og gylden.

Gårdsfrukt og honningkake

Vi lager en 20 cm kake av den

175 g / 6 oz / 2/3 kopp smør eller margarin, myknet

175 g / 6 oz / ½ kopp lett honning

Revet skall av 1 sitron

3 egg, lett pisket

225 g / 8 oz / 2 kopper fullkornshvetemel (hel hvete)

10 ml / 2 ts bakepulver

5 ml / 1 ts blandet malt krydder (eplepai)

100 g / 4 oz / 2/3 kopp rosiner

100 g / 4 oz / 2/3 kopp sultanas (gyldne rosiner)

100 g / 4 oz / 2/3 kopp rips

50 g / 2 oz / 1/3 kopp klare til å spise tørkede aprikoser, hakket

50 g / 2 oz / 1/3 kopp blandet skall (kandisert), hakket

25 g / 1 oz / ¼ kopp malte mandler

25 g / 1 oz / ¼ kopp mandler

Pisk smør eller margarin, honning og sitronskall til skum. Tilsett eggene gradvis, og tilsett deretter mel, bakepulver og krydderblandingen. Tilsett frukt og malte mandler. Hell røren i en smurt og kledd 20 cm kakeform (form) og lag en fordypning i midten. Plasser mandlene på den øverste kanten av kaken. Stek i en forvarmet ovn ved 160°C/325°F/gassmerke 3 i 2-2 og en halv time, til et spyd som er satt inn i midten kommer rent ut. Blir den for brun, dekk toppen av kaken med bakepapir (vokset) mot slutten av steketiden. La avkjøle i formen i 10 minutter før du vender ut på en rist for å avslutte avkjølingen.

Genova kake

Lager en 23 cm kake

225 g / 8 oz / 1 kopp smør eller margarin, myknet

100 g / 4 oz / ½ kopp melis (superfint)

4 egg, separert

5 ml / 1 ts mandelessens (ekstrakt)

5 ml / 1 ts revet appelsinskall

225 g / 8 oz / 11/3 kopper rosiner, hakket

100 g / 4 oz / 2/3 kopp rips, hakket

100 g / 4 oz / 2/3 kopp sultanas (gyldne rosiner), hakket

50 g / 2 oz / ¼ kopp glaserte (kandiserte) kirsebær, hakket

50 g / 2 oz / 1/3 kopp blandet skall (kandisert), hakket

100 g / 4 oz / 1 kopp malte mandler

25 g / 1 oz / ¼ kopp mandler

350 g / 12 oz / 3 kopper universalmel

10 ml / 2 ts bakepulver

5 ml / 1 teskje malt kanel

Bland smør eller margarin og sukker til det blir skummende, deretter eggeplommer, mandelessens og appelsinskall. Bland frukten og nøttene med litt mel til de er godt dekket, tilsett deretter spiseskjeer mel, bakepulver og kanel vekselvis med spiseskjeer av fruktblandingen til den er godt blandet. Pisk eggehvitene til et stivt skum, og bland dem deretter inn i massen. Hell i en smurt og kledd 23 cm kakeform (form) og stek i en forvarmet ovn ved 190°C/375°F/gassmerke 5 i 30 minutter, reduser deretter ovnstemperaturen til 160°C. Gassmerke 3 i ytterligere 1,5 time, til det er fjærende å ta på og et spyd som er satt inn i midten kommer rent ut. La det avkjøles i boksen.

Isfruktkake

Lager en 23 cm kake

225 g / 8 oz / 1 kopp smør eller margarin, myknet

225 g / 8 oz / 1 kopp melis (superfint)

4 egg, lett pisket

45 ml / 3 ss konjakk

250 g / 9 oz / 1¼ kopper universalmel

2,5 ml / ½ ts bakepulver

en klype salt

225 g / 8 oz / 1 kopp glasert (kandisert) blandet frukt som kirsebær, ananas, appelsiner, fiken, i skiver

100 g / 4 oz / 2/3 kopp rosiner

100 g / 4 oz / 2/3 kopp sultanas (gyldne rosiner)

75 g / 3 oz / ½ kopp rips

50 g / 2 oz / ½ kopp hakkede blandede nøtter

Revet skall av 1 sitron

Pisk smør eller margarin og sukker til skum. Rør gradvis inn egget og konjakken. I en egen bolle blander du resten av ingrediensene til frukten er godt belagt med mel. Tilsett blandingen og bland godt. Hell i en smurt 23 cm kakeform (form) og stek i ovn forvarmet til 180°C i 30 minutter. Reduser ovnstemperaturen til 150°C/300°F/gassmerke 3 og stek i ytterligere 50 minutter, til et spyd som er satt inn i midten kommer rent ut.

Guinness fruktkake

Lager en 23 cm kake

225 g / 8 oz / 1 kopp smør eller margarin

225 g / 8 oz / 1 kopp mykt brunt sukker

300 ml / ½ pt / 1¼ kopper Guinness eller stout

225 g / 8 oz / 11/3 kopper rosiner

225 g / 8 oz / 11/3 kopper sultanas (gyldne rosiner)

225 g / 8 oz / 11/3 kopper rips

100 g / 4 oz / 2/3 kopp blandet skall (kandisert), hakket

550 g / 1¼ lb / 5 kopper universalmel

2,5 ml / ½ ts natron (natron)

5 ml / 1 ts blandet malt krydder (eplepai)

2,5 ml / ½ ts revet muskatnøtt

3 egg, lett pisket

Kok opp smør eller margarin, sukker og Guinness i en liten kjele på lav varme, rør til det er godt blandet. Bland frukten og det blandede skallet, kok opp og la det småkoke i 5 minutter. Fjern fra varmen og la avkjøles.

Bland mel, natron og krydder og lag en brønn i midten. Tilsett den kalde fruktblandingen og egget og bland godt. Legg i en oljet og kledd kakeform (23 cm) og stek i en forvarmet ovn ved 160 °C / 325 °F / gassmerke 3 i 2 timer, til et spyd som er satt inn i midten kommer rent ut. La avkjøle i pannen i 20 minutter, og overfør deretter til en rist for å fullføre avkjølingen.

En pai som inneholder kjøttdeig

Vi lager en 20 cm kake av den

225 g / 8 oz / 2 kopper selvhevende mel (gjær)

350 g / 12 oz / 2 kopper kjøttdeig

75 g / 3 oz / ½ kopp tørket frukt (fruktkakeblanding)

3 egg

150 g / 5 oz / 2/3 kopp myk margarin

150 g / 5 oz / 2/3 kopp mykt brunt sukker

Bland alle ingrediensene til de er godt blandet. Hell i en smurt og kledd 20 cm kakeform og stek i en forvarmet ovn ved 160 °C / 325 °F / gassmerke 3 i 1 time, til den er gjennomhevet og fast å ta på.

Havrekake og aprikosfrukt

Vi lager en 20 cm kake av den

175 g / 6 oz / ¾ kopp smør eller margarin, myknet

50 g / 2 oz / ¼ kopp mykt brunt sukker

30 ml / 2 ss lys honning

3 piskede egg

175 g / 6 oz / ¼ kopp fullkornshvetemel (hel hvete)

50 g / 2 oz / ½ kopp havregryn

10 ml / 2 ts bakepulver

250 g / 9 oz / 1½ kopper blandet tørket frukt (fruktkakeblanding)

50 g / 2 oz / 1/3 kopp klare til å spise tørkede aprikoser, hakket

Revet skall og saft av 1 sitron

Bland smør eller margarin og sukker med honning til det blir skummende. Bland gradvis inn eggene, vekselvis med mel og bakepulver. Tilsett valnøtter og sitronsaft og skall. Hell i en oljet og kledd 20 cm kakeform og stek i en ovn forvarmet til 180°C i 1 time. Reduser ovnstemperaturen til 160 °C / 325 °F / gassmerke 3 og stek i ytterligere 30 minutter til et spyd som er satt inn i midten kommer ut rent. Kle toppen med bakepapir hvis kaken begynner å bli for fort brun.

Nattfruktkake

Vi lager en 20 cm kake av den

450 g / 1 lb / 4 kopper universalmel

225 g / 8 oz / 1 1/3 kopper rips

225 g / 8 oz / 1 1/3 kopper sultanas (gyldne rosiner)

225 g / 8 oz / 1 kopp mykt brunt sukker

50 g / 2 oz / 1/3 kopp blandet skall (kandisert), hakket

175 g / 6 oz / ¾ kopp smult (vegetabilsk fett)

15 ml / 1 ss gylden sirup (lys mais)

10 ml / 2 ts natron (natron)

15 ml / 1 ss melk

300 ml / ½ pt / 1¼ kopper vann

Bland mel, frukt, sukker og skall. Smelt fettet og sirupen, bland det så inn i massen. Løs opp natron i melken og bland med vannet. Hell i en smurt 20 cm kakeform, dekk til og la stå over natten.

Stek kaken i en ovn forvarmet til 160°C i 1¾ time, til et spyd som er satt inn i midten kommer rent ut.

Rosin og krydderkake

Gir en 900g / 2lb bar

225 g / 8 oz / 1 kopp mykt brunt sukker

300 ml / ½ pt / 1¼ kopper vann

100 g / 4 oz / ½ kopp smør eller margarin

15 ml / 1 ss blackstrap melasse (melasse)

175 g / 6 oz / 1 kopp rosiner

5 ml / 1 teskje malt kanel

2. 5 ml / ½ teskje revet muskatnøtt

2,5 ml / ½ ts allehånde

225 g / 8 oz / 2 kopper universalmel

5 ml / 1 ts bakepulver

5 ml / 1 ts natron (natron)

Smelt sukker, vann, smør eller margarin, melasse, rosiner og krydder i en liten kjele på middels varme, mens du rører konstant. Kok opp og la det småkoke i 5 minutter. Fjern fra varmen og rør inn de resterende ingrediensene. Hell blandingen i en smurt og kledd brødform på 900 g og stek i en ovn forvarmet til 180°C i 50 minutter, til et spyd er stukket inn i midten.

richmond kake

Vi lager en 15 cm kake av den

225 g / 8 oz / 2 kopper universalmel

en klype salt

75 g / 3 oz / 1/3 kopp smør eller margarin

100 g / 4 oz / ½ kopp melis (superfint)

2,5 ml / ½ ts bakepulver

100 g / 4 oz / 2/3 kopp rips

2 piskede egg

Litt melk

Ha mel og salt i en bolle og gni inn smør eller margarin til blandingen minner om brødsmuler. Tilsett sukker, bakepulver og rips. Tilsett egget og nok melk til å lage en stiv deig. Vend inn i en oljet og kledd kakeform på 15 cm. Stekes i forvarmet ovn på 190°C, gassmerke 5 i ca. Stek i 45 minutter til et spyd som er satt inn i midten kommer rent ut. La avkjøle på rist.

Fruktkake med safran

Den lager to 450 g kaker

2,5 ml / ½ teskje safran

Varmt vann

15 g / ½ oz fersk gjær eller 20 ml / 4 ts tørr gjær

900 g / 2 lbs / 8 kopper universalmel

225 g / 8 oz / 1 kopp melis (superfint)

2,5 ml / ½ teskje malt krydderblanding (eplepai)

en klype salt

100 g / 4 oz / ½ kopp smult (forkorting)

100 g / 4 oz / ½ kopp smør eller margarin

300 ml / ½ pt / 1¼ kopper varm melk

350 g / 12 oz / 2 kopper blandet tørket frukt (fruktkakeblanding)

50 g / 2 oz / 1/3 kopp blandet skall (kandisert), hakket

Skjær safranstrengene og bløtlegg over natten i 45 ml / 3 ss varmt vann.

Bland gjæren med 30 ml / 2 ss mel, 5 ml / 1 ts sukker og 75 ml / 5 ss varmt vann og la heve på et lunt sted i 20 minutter til skum.

Bland resten av melet og sukkeret med krydder og salt. Gni smult og smør eller margarin sammen til blandingen minner om brødsmuler, og lag en brønn i midten. Tilsett gjærblandingen, safran og flytende safran, varm melk, frukt og blandet skall og bland til en jevn masse. Ha den i en oljet bolle, dekk den med folie (plastfilm) og la den hvile på et lunt sted i 3 timer.

Form to brød, legg dem i to smurte 450 g stekebrett (former) og stek i forvarmet ovn på 220°C i 40 minutter, til de er gjennomstekt og gyldenbrune.

Brus fruktkake

Vi får en kake som veier 450g/1lb

225 g / 8 oz / 2 kopper universalmel

1,5 ml / ¼ teskje salt

En klype natron (natron)

50 g / 2 oz / ¼ kopp smør eller margarin

50 g / 2 oz / ¼ kopp pulverisert sukker (superfint)

100 g / 4 oz / 2/3 kopp blandet tørket frukt (fruktkakeblanding)

150 ml / ¼ pt / 2/3 kopp sur melk eller melk med 5 ml / 1 ts sitronsaft

5 ml / 1 ts blackstrap melasse (melasse)

Bland mel, salt og natron i en bolle. Gni inn smør eller margarin til blandingen minner om brødsmuler. Tilsett sukker og frukt og bland godt. Varm opp melken og melisen til melassen smelter, tilsett deretter de tørre ingrediensene og bland til den er stiv. Hell i en smurt 450 g stekepanne (form) og stek i en ovn forvarmet til 190°C til den er gyldenbrun i 45 minutter.

rask fruktkake

Vi lager en 20 cm kake av den

450 g / 1 lb / 22/3 kopper blandede nøtter (fruktkakeblanding)

225 g / 8 oz / 1 kopp mykt brunt sukker

100 g / 4 oz / ½ kopp smør eller margarin

150 ml / ¼ pt / 2/3 kopp vann

2 piskede egg

225 g / 8 oz / 2 kopper selvhevende mel (gjær)

Kok opp frukt, sukker, smør eller margarin og vann, legg på lokk og la det småkoke i 15 minutter. La det avkjøles. Bland eggene og melet til det blir skummende, hell deretter i en smurt, foret 20 cm kakeform og stek i en ovn forvarmet til 150°C i 1,5 time, til toppen er gyllenbrun og krymper. . vekk fra sidene av boksen.

varm te fruktkake

Lager en kake på 900 g

450 g / 1 lb / 2½ kopper tørket frukt (fruktkakeblanding)

300 ml / ½ pt / 1¼ kopper varm svart te

350 g / 10 oz / 1¼ kopper mykt brunt sukker

350 g / 10 oz / 2½ kopper selvhevende mel

1 sammenvispet egg

Legg frukten i den varme teen og la den stå over natten. Tilsett sukker, mel og egg, og legg deretter i en smurt og kledd 900 g langpanne. Stek i en ovn forvarmet til 160°C i 2 timer til den er pent hevet og gyllenbrun.

Kald te fruktkake

Vi lager en 15 cm kake av den

100 g / 4 oz / ½ kopp smør eller margarin

225 g / 8 oz / 11/3 kopper blandet tørket frukt (fruktkakeblanding)

250 ml / 8 fl oz / 1 kopp kald svart te

225 g / 8 oz / 2 kopper selvhevende mel (gjær)

100 g / 4 oz / ½ kopp melis (superfint)

5 ml / 1 ts natron (natron)

1 stort egg

Smelt smøret eller margarinen i en panne, tilsett frukt og te og kok opp. La småkoke i 2 minutter, og la deretter avkjøles. Tilsett de andre ingrediensene og bland godt. Hell i en smurt og kledd 15 cm kakeform og stek i en forvarmet ovn ved 160 °C / 325 °F / gassmerke 3 i 1¼-1½ time til den er stivnet. La det avkjøles, skjær i skiver og fordel med smør.

sukkerfri fruktkake

Vi lager en 20 cm kake av den

4 tørkede aprikoser

60 ml / 4 ss appelsinjuice

250 ml / 8 fl oz / 1 kopp mørkt øl

100 g / 4 oz / 2/3 kopp sultanas (gyldne rosiner)

100 g / 4 oz / 2/3 kopp rosiner

50 g / 2 oz / ¼ kopp rips

50 g / 2 oz / ¼ kopp smør eller margarin

225 g / 8 oz / 2 kopper selvhevende mel (gjær)

75 g / 3 oz / ¾ kopp hakkede blandede nøtter

10 ml / 2 ts blandet malt krydder (eplepai)

5 ml / 1 ts pulverkaffepulver

3 egg, lett pisket

15 ml / 1 spiseskje konjakk eller whisky

Bløtlegg aprikosene i appelsinjuice til de er myke, og skjær dem deretter i biter. Ha det i en panne med stout, nøtter og smør eller margarin, kok opp og la det småkoke i 20 minutter. La det avkjøles.

Bland mel, nøtter, krydder og kaffe. Rør inn stoutblandingen, egg og konjakk eller whisky. Hell blandingen i en smurt og kledd 20 cm kakeform og stek i ovn forvarmet til 180°C i 20 minutter. Reduser ovnstemperaturen til 150 °C / 300 °F / gassmerke 2 og stek i ytterligere 1,5 time, til et spyd som er satt inn i midten kommer rent ut. Blir det for mye, dekk toppen med smørepapir mot slutten av steketiden. La avkjøle i formen i 10 minutter før du vender ut på en rist for å avslutte avkjølingen.

Små fruktkaker

48 siden

100 g / 4 oz / ½ kopp smør eller margarin, myknet

225 g / 8 oz / 1 kopp mykt brunt sukker

2 egg, lett pisket

175 g / 6 oz / 1 kopp dadler med hull (uthulet), hakket

50 g / 2 oz / ½ kopp hakkede blandede nøtter

15 ml / 1 ss revet appelsinskall

225 g / 8 oz / 2 kopper universalmel

5 ml / 1 ts natron (natron)

2,5 ml / ½ teskje salt

150 ml / ¼ pt / 2/3 kopp kjernemelk

6 glaserte kirsebær (kandiserte), i skiver

appelsinfrukt terte frosting

Pisk smør eller margarin og sukker til skum. Pisk eggene litt etter litt. Tilsett dadler, valnøtter og appelsinskall. Bland mel, natron og salt. Tilsett blandingen vekselvis med kjernemelken og pisk godt. Hell i smurte 5 cm muffinsformer og pynt med kirsebær. Stek i ovn forvarmet til 190°C i 20 minutter til et spyd som er satt inn i midten kommer rent ut. Overfør til en rist, la avkjøles til den er varm, og pensle deretter med appelsinglasur.

Eddik fruktkake

Lager en 23 cm kake

225 g / 8 oz / 1 kopp smør eller margarin

450 g / 1 lb / 4 kopper universalmel

225 g / 8 oz / 11/3 kopper sultanas (gyldne rosiner)

100 g / 4 oz / 2/3 kopp rosiner

100 g / 4 oz / 2/3 kopp rips

225 g / 8 oz / 1 kopp mykt brunt sukker

5 ml / 1 ts natron (natron)

300 ml / ½ pt / 1¼ kopper melk

45 ml / 3 ss malteddik

Gni smøret eller margarinen inn i melet til blandingen minner om brødsmuler. Tilsett frukt og sukker og lag en brønn i midten. Kombiner natron, melk og eddik; blandingen skummer. Rør inn de tørre ingrediensene til de er godt blandet. Hell blandingen i en smurt og kledd 9/23 cm kakeform og stek i en ovn forvarmet til 200°C i 25 minutter. Reduser ovnstemperaturen til 160°C/325°F/gassmerke 3 og stek i ytterligere 1,5 time til den er gyldenbrun og fast å ta på. La avkjøle i pannen i 5 minutter, og overfør deretter til en rist for å avslutte avkjølingen.

Virginia whisky kake

Vi får en kake som veier 450g/1lb

100 g / 4 oz / ½ kopp smør eller margarin, myknet

50 g / 2 oz / ¼ kopp pulverisert sukker (superfint)

3 egg, separert

175 g / 6 oz / 1½ kopper universalmel

5 ml / 1 ts bakepulver

En klype revet muskatnøtt

En klype malt mace

120 ml / 4 fl oz / ½ kopp pulver

30 ml / 2 ss konjakk

100 g / 4 oz / 2/3 kopp blandet tørket frukt (fruktkakeblanding)

120 ml / 4 fl oz / ½ kopp whisky

Bland smør og sukker til det blir skum. Bland inn eggeplommen. Bland mel, bakepulver og krydder, bland deretter inn i massen. Tilsett portvin, konjakk og tørket frukt. Pisk eggehvitene til et stivt skum, og bland dem deretter inn i massen. Hell i en smurt 450 g stekepanne (form) og stek i ovn forvarmet til 160°C i 1 time, til et spyd som er satt inn i midten kommer rent ut. La den avkjøles i formen, hell deretter whiskyen over kaken og la den stå i 24 timer før du skjærer den.

Walisisk fruktkake

Lager en 23 cm kake

50 g / 2 oz / ¼ kopp smør eller margarin

50 g / 2 oz / ¼ kopp smult (forkorting)

225 g / 8 oz / 2 kopper universalmel

en klype salt

10 ml / 2 ts bakepulver

100 g / 4 oz / ½ kopp demerara sukker

175 g / 6 oz / 1 kopp tørket frukt (fruktkakeblanding)

Revet skall og saft av ½ sitron

1 egg, lett pisket

30 ml / 2 ss melk

Gni inn smøret eller margarinen og matfettet inn i mel, salt og bakepulver til blandingen minner om brødsmuler. Tilsett sukker, frukt og sitronskall og saft, tilsett egget og melken og elt til en jevn deig. Form til en smurt og kledd 23 cm firkantet form (panne) og stek i en ovn forvarmet til 200°C i 20 minutter, til den er hevet og gyllenbrun.

hvit fruktkake

Lager en 23 cm kake

100 g / 4 oz / ½ kopp smør eller margarin, myknet

225 g / 8 oz / 1 kopp melis (superfint)

5 egg, lett pisket

350 g / 12 oz / 2 kopper blandet tørket frukt

350 g / 12 oz / 2 kopper sultanas (gyldne rosiner)

100 g / 4 oz / 2/3 kopp dadler (uthulet), hakket

100 g / 4 oz / ½ kopp glaserte (kandiserte) kirsebær, hakket

100 g / 4 oz / ½ kopp glasert (kandisert) ananas, hakket

100 g / 4 oz / 1 kopp hakkede blandede nøtter

225 g / 8 oz / 2 kopper universalmel

10 ml / 2 ts bakepulver

2,5 ml / ½ teskje salt

60 ml / 4 ss ananasjuice

Pisk smør eller margarin og sukker til skum. Tilsett eggene gradvis, pisk godt etter hver tilsetning. Bland all frukt, nøtter og litt mel til ingrediensene er godt belagt med mel. Bland bakepulver og salt med resten av melet, og bland det deretter inn i eggedosisen vekselvis med ananasjuice, til det er jevnt blandet. Tilsett frukten og bland godt. Hell i en smurt og kledd 23 cm kakeform (form) og stek i en forvarmet ovn ved 140°C på gassmerke 1 i ca. 2 og en halv time, til et spyd som er satt inn i midten kommer rent ut. La avkjøle i formen i 10 minutter før du vender ut på en rist for å avslutte avkjølingen.

eple pai

Vi lager en 20 cm kake av den

175 g / 6 oz / 1½ kopper selvhevende mel

5 ml / 1 ts bakepulver

en klype salt

150 g / 5 oz / 2/3 kopp smør eller margarin

150 g / 5 oz / 2/3 kopp pulverisert sukker (superfint)

1 sammenvispet egg

175 ml / 6 fl oz / ¾ kopp melk

3 epler kan spises (til dessert), skrelles, kjernes ut og skjæres i skiver

2,5 ml / ½ teskje malt kanel

15 ml / 1 ss lys honning

Bland mel, bakepulver og salt. Gni inn smøret eller margarinen til blandingen minner om brødsmuler, og tilsett deretter sukkeret. Tilsett egget og melken. Hell blandingen i en smurt og kledd 20 cm kakeform (form) og trykk forsiktig epleskivene over toppen. Dryss over kanel og drypp over honning. Stek i en ovn forvarmet til 200°C i 45 minutter til den er gyldenbrun og fast å ta på.

Sprøkrydret eplepai

Vi lager en 20 cm kake av den

75 g / 3 oz / 1/3 kopp smør eller margarin

175 g / 6 oz / 1½ kopper selvhevende mel

50 g / 2 oz / ¼ kopp pulverisert sukker (superfint)

1 egg

75 ml / 5 ss vann

3 epler kan spises (til dessert), skrelles, kjernes ut og kuttes i skiver

For påkledning:
75 g / 3 oz / 1/3 kopp demerara sukker

10 ml / 2 ts malt kanel

25 g / 1 oz / 2 ss smør eller margarin

Gni smøret eller margarinen inn i melet til blandingen minner om brødsmuler. Tilsett sukkeret og bland egget og vannet til en jevn deig. Tilsett litt mer vann hvis blandingen er for tørr. Fordel deigen i en 20 cm kakeform (form) og trykk eplet ned i deigen. Dryss over demerarasukker og kanel, og drypp deretter med smør eller margarin. Stek i en forvarmet ovn til 180°C i 30 minutter til den er gyldenbrun og fast å ta på.

Amerikansk eplepai

Vi lager en 20 cm kake av den

50 g / 2 oz / ¼ kopp smør eller margarin, myknet

225 g / 8 oz / 1 kopp mykt brunt sukker

1 egg, lett pisket

5 ml / 1 ts vaniljeessens (ekstrakt)

100 g / 4 oz / 1 kopp universalmel

2,5 ml / ½ ts bakepulver

2,5 ml / ½ ts natron (natron)

2,5 ml / ½ teskje salt

2,5 ml / ½ teskje malt kanel

2,5 ml / ½ ts revet muskatnøtt

450 g / 1 lb bord (dessert) epler, skrellet, kjernet ut og i terninger

25 g / 1 oz / ¼ kopp hakkede mandler

Pisk smør eller margarin og sukker til skum. Tilsett gradvis egget og vaniljeessensen. Bland sammen mel, bakepulver, natron, salt og krydder og rør inn i blandingen. Tilsett epler og valnøtter. Legg i en smurt og kledd 20 cm firkantet form og stek i en forvarmet ovn ved 180°C i 45 minutter, til et spyd som er satt inn i midten kommer rent ut.

eple pai

Lager en kake på 900 g

100 g / 4 oz / ½ kopp smør eller margarin, myknet

225 g / 8 oz / 1 kopp mykt brunt sukker

2 egg, lett pisket

225 g / 8 oz / 2 kopper universalmel

5 ml / 1 teskje malt kanel

2,5 ml / ½ ts revet muskatnøtt

100 g / 4 oz / 1 kopp eplemos (saus)

5 ml / 1 ts natron (natron)

30 ml / 2 ss varmt vann

Pisk smør eller margarin og sukker til skum. Bland inn eggene gradvis. Tilsett mel, kanel, muskat og eplemos. Bland natron med det varme vannet og bland det inn i massen. Hell i en smurt 900 g ildfast form (form) og stek i en forvarmet ovn ved 180°C i 1¼ time, til et spyd som er satt inn i midten kommer rent ut.

eplepai med cider

Vi lager en 20 cm kake av den

100 g / 4 oz / ½ kopp smør eller margarin, myknet

150 g / 5 oz / 2/3 kopp pulverisert sukker (superfint)

3 egg

225 g / 8 oz / 2 kopper selvhevende mel (gjær)

5 ml / 1 ts blandet malt krydder (eplepai)

5 ml / 1 ts natron (natron)

5 ml / 1 ts bakepulver

150 ml / ¼ pt / 2/3 kopp tørr cider

2 kokende (pai) epler, skrellet, kjernet ut og skåret i skiver

75 g / 3 oz / 1/3 kopp demerara sukker

100 g / 4 oz / 1 kopp hakkede blandede nøtter

Bland smør eller margarin, sukker, egg, mel, krydder, natron, bakepulver og 120 ml/½ kopp cider godt, tilsett resten av cider om nødvendig for å lage en jevn deig. Hell halvparten av blandingen i en smurt og kledd 20 cm kakeform (form) og topp med halvparten av epleskivene. Bland sukkeret og valnøttene sammen, og dryss halvparten av dem over eplene. Hell i den resterende kakeblandingen og topp med de resterende eplene og den resterende nøtte-sukkerblandingen. Stek i en ovn forvarmet til 180°C i 1 time til den er gyldenbrun og fast å ta på.

Eple- og kanelkake

Lager en 23 cm kake

100 g / 4 oz / ½ kopp smør eller margarin

100 g / 4 oz / ½ kopp melis (superfint)

1 egg, lett pisket

100 g / 4 oz / 1 kopp universalmel

5 ml / 1 ts bakepulver

30 ml / 2 ss melk (valgfritt)

2 store kokende (pai) epler, skrellet, kjernehuset og skåret i skiver

30 ml / 2 ss melis (superfint)

5 ml / 1 teskje malt kanel

25 g / 1 oz / ¼ kopp hakkede mandler

30 ml / 2 ss demerara sukker

Pisk smør eller margarin og sukker til skum. Pisk inn egget gradvis, tilsett deretter mel og bakepulver. Blandingen skal være ganske stiv; hvis det er for hardt, tilsett litt melk. Hell halvparten av blandingen i en smurt og kledd 23 cm kakeform med løs bunn, legg epleskiver på toppen. Bland sukker og kanel, dryss mandlene over eplene. Fordel resten av kaken på toppen og strø over demerarasukker. Stek i ovn forvarmet til 180°C i 30-35 minutter, til et spyd som er satt inn i midten kommer rent ut.

Spansk eplepai

Lager en 23 cm kake

175 g / 6 oz / ¾ kopp smør eller margarin

6 Cox's middagsepler (dessert), skrellet, kjernet ut og skåret i skiver

30 ml / 2 ss eplebrandy

175 g / 6 oz / ¾ kopp melis (superfint)

150 g / 5 oz / 1¼ kopper universalmel

10 ml / 2 ts bakepulver

5 ml / 1 teskje malt kanel

3 egg, lett pisket

45 ml / 3 ss melk

For glasuren:

60 ml / 4 ss aprikossyltetøy (hermetisk), siktet (filtrert)

15 ml / 1 ss eplebrandy

5 ml / 1 ts maismel (maisstivelse)

10 ml / 2 ts vann

Smelt smøret eller margarinen i en stor stekepanne (panne) og stek eplebitene på lav varme i 10 minutter, rør en gang for å dekke smøret. Fjern fra varme. Kutt opp en tredjedel av eplet og tilsett eplebrandy, bland deretter sukker, mel, bakepulver og kanel. Tilsett egget og melken, hell deretter i en smurt og melet 23 cm løsbunnet kakeform. Legg de resterende epleskivene på toppen. Stek i en ovn forvarmet til 180°C i 45 minutter, til de er gjennomhevet og gyllenbrune og begynner å krympe fra sidene av stekebrettet.

For å forberede glasuren, varm opp syltetøy og konjakk sammen. Bland maismelet med vannet til en pasta, tilsett deretter syltetøy og konjakk. Kok, under omrøring, i noen minutter til den blir klar.

Fordel den varme kaken og la den avkjøles i 30 minutter. Fjern sidene av kakeformen, varm opp frostingen og fordel den en gang til. La det avkjøles.

Eple- og sultanakake

Vi lager en 20 cm kake av den

350 g / 12 oz / 3 kopper selvhevende mel

en klype salt

2,5 ml / ½ teskje malt kanel

225 g / 8 oz / 1 kopp smør eller margarin

175 g / 6 oz / ¾ kopp melis (superfint)

100 g / 4 oz / 2/3 kopp sultanas (gyldne rosiner)

450 g / 1 lb kokepler (sur), skrellet, kjernet ut og hakket

2 egg

Litt melk

Bland mel, salt og kanel, og gni deretter inn smøret eller margarinen til blandingen minner om brødsmuler. Tilsett sukkeret. Lag et hull i midten, tilsett rosiner, eple og egg, bland så godt, tilsett litt melk for å få en stiv blanding. Hell i en smurt 20 cm kakeform og stek i forvarmet ovn ved 180°C / gassmerke 4 i ca. I 1½-2 timer til den er stiv. Serveres varm eller kald.

Opp ned eplepai

Lager en 23 cm kake

2 epler kan spises (til dessert), skrelles, kjernes ut og skjæres i tynne skiver

75 g / 3 oz / 1/3 kopp mykt brunt sukker

45 ml / 3 ss rosiner

30 ml / 2 ss sitronsaft

Til kaken:

200 g / 7 oz / 1¾ kopper universalmel

50 g / 2 oz / ¼ kopp pulverisert sukker (superfint)

10 ml / 2 ts bakepulver

5 ml / 1 ts natron (natron)

5 ml / 1 teskje malt kanel

en klype salt

120 ml / 4 fl oz / ½ kopp melk

50 g / 2 oz / ½ kopp eplemos (saus)

75 ml / 5 ss olje

1 egg, lett pisket

5 ml / 1 ts vaniljeessens (ekstrakt)

Bland epler, sukker, rosiner og sitronsaft og legg i bunnen av en smurt 23 cm / 9 cm form (form). Bland de tørre ingrediensene til kaken og lag en brønn i midten. Bland melk, eplemos, olje, egg og vaniljeessens og tilsett de tørre ingrediensene. Hell i en ildfast form og stek i en forvarmet ovn ved 180°C/350°F/gassmerke 4 i 40 minutter, til kaken er gyllenbrun og krymper vekk fra sidene av formen. La avkjøle i pannen i 10 minutter, og vend deretter forsiktig opp på en tallerken. Serveres varm eller kald.

Aprikosbrødkake

Gir en 900g / 2lb bar

225 g / 8 oz / 1 kopp smør eller margarin, myknet

225 g / 8 oz / 1 kopp melis (superfint)

2 egg, godt pisket

6 modne aprikoser med pit (frø), skrellet og moset

300 g / 11 oz / 2¾ kopper universalmel

5 ml / 1 ts natron (natron)

en klype salt

75 g / 3 oz / ¾ kopp mandler, hakket

Pisk smør eller margarin og sukker. Pisk eggene litt etter litt, og tilsett deretter aprikosene. Bland mel, natron og salt. Tilsett valnøttene. Hell i et smurt og melet stekebrett på 900 g og stek i ovn forvarmet til 180°C i 1 time, til et spyd som er satt inn i midten kommer rent ut. La avkjøle i pannen før du former.

Aprikos- og ingefærkake

Lager en 18 cm kake

100 g / 4 oz / 1 kopp selvhevende mel

100 g / 4 oz / ½ kopp mykt brunt sukker

10 ml / 2 ts malt ingefær

100 g / 4 oz / ½ kopp smør eller margarin, myknet

2 egg, lett pisket

100 g / 4 oz / 2/3 kopp klare til å spise tørkede aprikoser, hakket

50 g / 2 oz / 1/3 kopp rosiner

Bland mel, sukker, ingefær, smør eller margarin og egg til en jevn masse. Tilsett aprikoser og rosiner. Hell blandingen i en smurt og kledd 18 cm kakeform (form) og stek i ovn forvarmet til 180°C i 30 minutter, til et spyd som er satt inn i midten kommer rent ut.

Mørk aprikospai

Vi lager en 20 cm kake av den

120 ml / 4 fl oz / ½ kopp konjakk eller rom

120 ml / 4 fl oz / ½ kopp appelsinjuice

225 g / 8 oz / 1 1/3 kopper klare til å spise tørkede aprikoser, hakket

100 g / 4 oz / 2/3 kopp sultanas (gyldne rosiner)

175 g / 6 oz / ¾ kopp smør eller margarin, myknet

45 ml / 3 ss lys honning

4 egg, separert

175 g / 6 oz / 1½ kopper selvhevende mel

10 ml / 2 ts bakepulver

Kok opp konjakk eller rom og appelsinjuice med aprikoser og sultanas. Bland godt, fjern deretter fra varmen og la avkjøles. Bland smør eller margarin og honning til det blir skummende, og tilsett deretter eggeplommen gradvis. Tilsett mel og bakepulver. Pisk eggehvitene til et stivt skum, vend dem deretter forsiktig inn i massen. Legg i en oljet og kledd kakeform på 20 cm og stek i ovn forvarmet til 180 °C i 1 time, til et spyd som er satt inn i midten kommer rent ut. La det avkjøles i boksen.

Banankake

Gjør en kake på 23 x 33 cm / 9 x 13

4 modne bananer, most

2 egg, lett pisket

350 g / 12 oz / 1½ kopper melis (superfin)

120 ml / 4 fl oz / ½ kopp olje

5 ml / 1 ts vaniljeessens (ekstrakt)

50 g / 2 oz / ½ kopp hakkede blandede nøtter

225 g / 8 oz / 2 kopper universalmel

10 ml / 2 ts natron (natron)

5 ml / 1 ts salt

Bland banan, egg, sukker, olje og vanilje til skum. Tilsett resten av ingrediensene og bland til det er blandet. Legg i en 23 x 33 cm kakeform (form) og stek i ovn forvarmet til 180°C i 45 minutter, til et spyd som er satt inn i midten kommer ut rent.

sprø banankake

Lager en 23 cm kake

100 g / 4 oz / ½ kopp smør eller margarin, myknet

300 g / 11 oz / 1 1/3 kopper pulverisert sukker (superfint)

2 egg, lett pisket

175 g / 6 oz / 1½ kopper universalmel

2,5 ml / ½ teskje salt

1,5 ml / ½ ts revet muskatnøtt

5 ml / 1 ts natron (natron)

75 ml / 5 ss melk

Noen dråper vaniljeessens (ekstrakt)

4 bananer, most

For påkledning:

50 g / 2 oz / ¼ kopp demerara sukker

50 g / 2 oz / 2 kopper cornflakes, knust

2,5 ml / ½ teskje malt kanel

25 g / 1 oz / 2 ss smør eller margarin

Pisk smør eller margarin og sukker til skum. Pisk inn eggene gradvis, og tilsett deretter mel, salt og muskatnøtt. Bland natron med melk og vaniljeessens, og bland det deretter inn i bananblandingen. Skje inn i en smurt og foret 9-tommers firkantet kakeform.

Til dressingen blander du sukker, maisflak og kanel, og gni deretter inn smøret eller margarinen. Dryss over kaken og stek i en forvarmet ovn ved 180°C/350°F/gassmerke 4 i 45 minutter til den er stivnet.

banansvamp

Lager en 23 cm kake

100 g / 4 oz / ½ kopp smør eller margarin, myknet

100 g / 4 oz / ½ kopp melis (superfint)

2 piskede egg

2 store modne bananer, most

225 g / 8 oz / 1 kopp selvhevende mel (gjær)

45 ml / 3 ss melk

Til fyll og topping:

225 g / 8 oz / 1 kopp kremost

30 ml / 2 ss rømme (rømme)

100 g / 4 oz tørket plantain chips

Pisk smør eller margarin og sukker til det er lett og luftig. Tilsett egget gradvis, og tilsett deretter banan og mel. Bland med melk til du får en rennende konsistens. Legg i en smurt og kledd 9/23 cm kakeform og stek i en forvarmet ovn ved 180°C/350°F/gassmerke 4 i ca. 30 minutter, til et spyd som er satt inn i midten kommer rent ut. Legg på en rist og la avkjøles, del deretter i to horisontalt.

Til toppingen blander du kremost og rømme til det blir skummende, og fordel deretter halvparten av blandingen på de to halvdelene av kaken på en sandwich. Fordel resten av blandingen på toppen og pynt med bananskiver.

fiberrik banankake

Lager en 18 cm kake

100 g / 4 oz / ½ kopp smør eller margarin, myknet

50 g / 2 oz / ¼ kopp mykt brunt sukker

2 egg, lett pisket

100 g / 4 oz / 1 kopp fullkornshvetemel (hel hvete)

10 ml / 2 ts bakepulver

2 bananer, most

For fyllet:

225 g / 8 oz / 1 kopp cottage cheese (myk cottage cheese)

5 ml / 1 ts sitronsaft

15 ml / 1 ss lys honning

1 skivet banan

Pulverisert sukker (konditor), siktet, til støv

Pisk smør eller margarin og sukker til skum. Tilsett eggene gradvis, tilsett deretter mel og bakepulver. Rør forsiktig inn bananen. Hell blandingen i to smurte og forede 7/8-tommers panner og stek i forvarmet ovn i 30 minutter til stivnet. La det avkjøles.

Til fyllet blander du kremost, sitronsaft og honning og fordeler det på en av cupcakesene. Legg bananskivene på toppen og dekk med den andre kaken. Server drysset med melis.

Banan sitron kake

Lager en 18 cm kake

100 g / 4 oz / ½ kopp smør eller margarin, myknet

175 g / 6 oz / ¾ kopp melis (superfint)

2 egg, lett pisket

225 g / 8 oz / 2 kopper selvhevende mel (gjær)

2 bananer, most

Til fyll og topping:

75 ml / 5 ss lemon curd

2 skiver bananer

45 ml / 3 ss sitronsaft

100 g / 4 oz / 2/3 kopp konditorsukker, siktet

Pisk smør eller margarin og sukker til skum. Pisk inn eggene gradvis, pisk godt etter hver tilsetning, tilsett deretter mel og banan. Hell blandingen i to smurte og forede 7/18 cm sandwichformer og stek i en forvarmet ovn ved 180°C/350°F/gass 4 i 30 minutter. Slå av og la avkjøles.

Legg kjeksen sammen med lemon curd og halvparten av bananskivene på en sandwich. Dryss de resterende bananskivene med 15 ml / 1 ss sitronsaft. Bland resten av sitronsaften med melis for å lage en hard glasur. Fordel frostingen på kaken og pynt den med bananskiver.

Banansjokoladekake i en blender

Vi lager en 20 cm kake av den

225 g / 8 oz / 2 kopper selvhevende mel (gjær)

2,5 ml / ½ ts bakepulver

40 g / 1½ oz / 3 ss drikkesjokoladepulver

2 egg

60 ml / 4 ss melk

150 g / 5 oz / 2/3 kopp pulverisert sukker (superfint)

100 g / 4 oz / ½ kopp myk margarin

2 modne bananer, hakket

Bland mel, bakepulver og drikkesjokolade. Bland de resterende ingrediensene i en blender eller foodprosessor i ca. 20 sekunder; blandingen ser krøllete ut. Tilsett de tørre ingrediensene og bland godt. Legg i en smurt og kledd 20 cm kakeform og stek i en forvarmet ovn ved 180 °C / gassmerke 4 i ca. Stek i 1 time til et spyd som er satt inn i midten kommer rent ut. Legg på rist til avkjøling.

Banankake med hasselnøtt

Lager en kake på 900 g

275 g / 10 oz / 2½ kopper universalmel

225 g / 8 oz / 1 kopp melis (superfint)

100 g / 4 oz / 1 kopp peanøtter, hakket

15 ml / 1 ss bakepulver

en klype salt

2 egg, separert

6 bananer, most

Revet skall og saft av 1 liten sitron

50 g / 2 oz / ¼ kopp smør eller margarin, smeltet

Bland mel, sukker, valnøtter, bakepulver og salt. Pisk eggeplommene og tilsett blandingen med banan, sitronskall og saft, og smør eller margarin. Pisk eggehvitene til et stivt skum, og bland dem deretter inn i massen. Hell i en smurt 900 g ildfast form (form) og stek i ovn forvarmet til 180°C i 1 time, til et spyd som er satt inn i midten kommer rent ut.

Banankake og rosiner i ett

Lager en kake på 900 g

450g/1lb modne bananer, most

50 g / 2 oz / ½ kopp hakkede blandede nøtter

120 ml / 4 fl oz / ½ kopp solsikkeolje

100 g / 4 oz / 2/3 kopp rosiner

75 g / 3 oz / ¾ kopp havregryn

150 g / 5 oz / 1¼ kopper fullkornsmel (fullkorn)

1,5 ml / ¼ teskje mandelessens (ekstrakt)

en klype salt

Bland alle ingrediensene til du har en jevn og våt blanding. Hell i en smurt og kledd brødform (form) på 900 g og stek i en ovn forvarmet til 190°C i 1 time, til de er brune og gyldne. La avkjøle i formen i 10 minutter før du pakker ut.

Banan whisky kake

Vi lager en 25 cm kake av den

225 g / 8 oz / 1 kopp smør eller margarin, myknet

450 g / 1 lb / 2 kopper mykt brunt sukker

3 modne bananer, most

4 egg, lett pisket

175 g / 6 oz / 1½ kopper pekannøtter, grovhakkede

225 g / 8 oz / 11/3 kopper sultanas (gyldne rosiner)

350 g / 12 oz / 3 kopper universalmel

15 ml / 1 ss bakepulver

5 ml / 1 teskje malt kanel

2,5 ml / ½ teskje malt ingefær

2,5 ml / ½ ts revet muskatnøtt

150 ml / ¼ halvliter / 2/3 kopp whisky

Pisk smør eller margarin og sukker til skum. Rør inn bananen og pisk deretter inn eggene gradvis. Bland valnøtter og sultanas med en stor spiseskje mel, og bland deretter resten av melet med bakepulver og krydder i en egen bolle. Tilsett melet i fløteblandingen, alternerende med whiskyen. Tilsett valnøtter og sultanas. Hell blandingen i en oljet 25 cm kakeform (form) og stek i en forvarmet ovn ved 180 °C i 1¼ time, til den er elastisk å ta på. La avkjøle i formen i 10 minutter før du vender ut på en rist for å avslutte avkjølingen.

Blåbærkake

Lager en 23 cm kake

175 g / 6 oz / ¾ kopp melis (superfint)

60 ml / 4 ss olje

1 egg, lett pisket

120 ml / 4 fl oz / ½ kopp melk

225 g / 8 oz / 2 kopper universalmel

10 ml / 2 ts bakepulver

2,5 ml / ½ teskje salt

225 g / 8 oz blåbær

For påkledning:

50 g / 2 oz / ¼ kopp smør eller margarin, smeltet

100 g / 4 oz / ½ kopp granulert sukker

50 g / 2 oz / ¼ kopp universalmel

2,5 ml / ½ teskje malt kanel

Pisk sukker, olje og egg til de er godt blandet og blek. Tilsett melken, rør så inn mel, bakepulver og salt. Tilsett blåbærene. Hell blandingen i en smurt og melet 23 cm kakeform, bland ingrediensene til toppingen og dryss på toppen. Stek i en ovn forvarmet til 190°C i 50 minutter, til et spyd som er satt inn i midten kommer rent ut. Serveres varm.

Catstone kirsebærpai

Lager en kake på 900 g

175 g / 6 oz / ¾ kopp smør eller margarin, myknet

175 g / 6 oz / ¾ kopp melis (superfint)

3 piskede egg

225 g / 8 oz / 2 kopper universalmel

2,5 ml / ½ ts bakepulver

100 g / 4 oz / 2/3 kopp sultanas (gyldne rosiner)

150 g / 5 oz / 2/3 kopp glaserte kirsebær (kandiserte), delt i kvarte

225 g / 8 oz friske kirsebær, uthulet (uthulet) og halvert

30 ml / 2 ss aprikossyltetøy (reserve)

Pisk smøret eller margarinen til det er mykt, og tilsett deretter sukkeret. Bland inn egget, deretter mel, bakepulver, rosiner og glaserte kirsebær. Hell i en smurt 900 g ildfast form (form) og stek i en forvarmet ovn ved 160°C / gassmerke 3 i 2,5 timer. La stå i formen i 5 minutter, og flytt deretter over på en rist for å fullføre avkjølingen.

Plasser kirsebærene på rad på toppen av kaken. Gi ferskensyltetøyet et oppkok i en liten kjele, sil det så av og fordel det på toppen av kaken med en pensel.

Kirsebær- og kokosnøttkake

Vi lager en 20 cm kake av den

350 g / 12 oz / 3 kopper selvhevende mel

175 g / 6 oz / ¾ kopp smør eller margarin

225 g / 8 oz / 1 kopp glaserte kirsebær (kandiserte), delt i kvarte

100 g / 4 oz / 1 kopp tørket kokosnøtt (revet)

175 g / 6 oz / ¾ kopp melis (superfint)

2 store egg, lett pisket

200 ml / snaut 1 kopp melk

Ha melet i en bolle og gni inn smøret eller margarinen til blandingen minner om brødsmuler. Kast kirsebærene i kokosnøtten, tilsett deretter sukkerblandingen og bland forsiktig. Tilsett egget og mesteparten av melken. Pisk godt, tilsett eventuelt mer melk for å få en jevn konsistens. Hell over i en smurt og kledd 20 cm kakeform. Stek i en forvarmet ovn ved 180°C/350°F/gassnivå 4 i en halv time, til et spyd som er satt inn i midten kommer rent ut.

Kirsebær- og sultanakake

Lager en kake på 900 g

100 g / 4 oz / ½ kopp smør eller margarin, myknet

100 g / 4 oz / ½ kopp melis (superfint)

3 egg, lett pisket

100 g / 4 oz / ½ kopp glaserte kirsebær (kandiserte)

350 g / 12 oz / 2 kopper sultanas (gyldne rosiner)

175 g / 6 oz / 1½ kopper universalmel

en klype salt

Pisk smør eller margarin og sukker til skum. Tilsett eggene gradvis. Kast kirsebær og sultanas i litt mel for å belegge dem, og tilsett deretter resten av melet til blandingen blandet med salt. Tilsett kirsebær og sultanas. Hell blandingen i et smurt og kledd 900 g stekebrett og stek i ovn forvarmet til 160°C i 1,5 time, til et spyd er stukket inn i midten.

Kirsebær valnøtt iskremkake

Lager en 18 cm kake

100 g / 4 oz / ½ kopp smør eller margarin, myknet

100 g / 4 oz / ½ kopp melis (superfint)

2 egg, lett pisket

15 ml / 1 ss lys honning

150 g / 5 oz / 1¼ kopper selvhevende (gjær) mel

5 ml / 1 ts bakepulver

en klype salt

Å dekorere:

225 g / 8 oz / 11/3 kopper konditorsukker, siktet

30 ml / 2 ss vann

Noen dråper rød konditorfarge.

4 glaserte kirsebær (kandiserte), halvert

4 halvdeler valnøtter

Pisk smør eller margarin og sukker til skum. Tilsett egget og honningen gradvis, og tilsett deretter mel, bakepulver og salt. Hell blandingen i en smurt og kledd 18 cm kakeform (form) og stek i en ovn forvarmet til 190°C i 20 minutter, til den er gjennomhevet og fast å ta på. La det avkjøles.

Ha melis i en bolle og tilsett gradvis nok vann til å lage en smørbar glasur (glasur). Fordel det meste på toppen av kaken. Farg den resterende frostingen med noen dråper konditorfarge og tilsett litt mer melis hvis frostingen er for tynn. Drypp eller drypp kaken med rød frosting for å dele den i skiver, og pynt deretter med glaserte kirsebær og pekannøtter.

www.ingramcontent.com/pod-product-compliance
Lightning Source LLC
Chambersburg PA
CBHW050344120526
44590CB00015B/1550